AF451000

INTELIGENCIA ARTIFICIAL EN LA EMPRESA

INTELIGENCIA ARTIFICIAL EN LA EMPRESA

Patricia de la Torre-Santos
Xavier Sánchez Pérez
Coordinadores

Primera edición, 2023.

INTELIGENCIA ARTIFICIAL EN LA EMPRESA

Responsable editorial: Marcelo Humberto Preciado Fausto
Coordinadores: Patricia de la Torre-Santos y Xavier Sánchez Pérez
Diseño de portada: Rosario Ivonne Lara Alba
Imagen de portada: NicoElNino/Shutterstock.com
Cuidado editorial: Santi Ediciones

ISBN: 978-607-8826-34-6

Universidad Panamericana, Campus Guadalajara
Álvaro del Portillo 49, Col. Ciudad Granja,
Zapopan, Jalisco, México, C.P. 45010.
Conmutador: 52 (33) 1368 2200

www.up.edu.mx

Impreso en México / Printed in Mexico.

ÍNDICE

PRÓLOGO

En 1950, Alan Turing, uno de los padres de la informática y el padre de una de sus principales disciplinas, la inteligencia artificial, publicó un artículo titulado "Máquinas de computación e inteligencia", en el que se hizo la famosa pregunta ¿Pueden pensar las máquinas? El llamado "test de Turing", que es una prueba propuesta por Turing para determinar si una máquina puede exhibir un comportamiento inteligente indistinguible del de un ser humano. Actualmente la inteligencia artificial se usa en muchas aplicaciones, desde el reconocimiento de imágenes y voz hasta el pronóstico del tiempo y la toma de decisiones en los sectores financiero y empresarial.

Los autores analizan el impacto de la inteligencia artificial en varios aspectos de la sociedad, incluida la reducción de la pobreza, el desempleo laboral y las implicaciones éticas de la inteligencia artificial en campos como la medicina y el periodismo. También destacan la necesidad de colaboración entre los sectores privado, educativo y público para enfrentar los desafíos que plantea la cuarta Revolución Industrial y garantizar que las generaciones futuras tengan las habilidades y competencias necesarias; se incluye tablas y análisis bibliométrico para sustentar los argumentos de los autores.

Discuten también los beneficios y desafíos de implementar inteligencia artificial en las empresas y la necesidad de invertir en recursos y desarrollo de talento. Argumentan que, si bien algunos trabajos pueden automatizarse, el desarrollo de la inteligencia artificial también creará nuevas oportunidades laborales. Ejemplifican los efectos –tanto positivos como negativos– de la inteligencia artificial y sugieren áreas de oportunidad para empleados y empleadores, como invertir en educación y capacitación para habilidades digitales y promover la inclusión laboral.

Adicionalmente, se analizan los beneficios potenciales de implementar inteligencia artificial en pequeñas y medianas empresas (Pymes) en México. Los autores también discuten los desafíos de crear una inteligencia artificial que realmente pueda emular la inteligencia y las emociones humanas.

El libro enfatiza la importancia de tener una estrategia clara y comprender cómo la inteligencia artificial puede agregar valor a un negocio antes de implementarla. El proceso de implementación debe involucrar a todos los sectores y ser multidisciplinario. Se analiza la evolución del marketing de tradicional a digital y el papel de la inteligencia artificial para equilibrar el avance tecnológico con la empatía humana y la personalización. Se exploran los beneficios y desafíos de integrar inteligencia artificial y la robótica en varias industrias, incluido el marketing y el servicio al cliente, y las consideraciones éticas que rodean su desarrollo. Aborda el uso de inteligencia artificial y el aprendizaje automático para atraer talento a través de la práctica de Análisis de personas. En resumen, este libro lo invita a explorar el fascinante mundo de la inteligencia artificial, reflexionar sobre su impacto e imaginar cómo esta tecnología puede ayudarnos en las finanzas, los negocios y las ciencias empresariales.

INTELIGENCIA ARTIFICIAL Y TALENTO HUMANO: EXPLORACIÓN CON ANÁLISIS BIBLIOMÉTRICO

Violeta Corona
Universidad Panamericana

Oscar Robayo-Pinzon
School of Management and Business, Universidad del Rosario

Sandra Rojas-Berrio
Andrés Isaías Ramírez-Barrera
Universidad Nacional de Colombia

Resumen

Este capítulo presenta una serie de análisis bibliométricos realizados utilizando las herramientas: VOSviewer, Tree of Science y R bibliometrix con el propósito de explorar redes bibliométricas a partir de literatura científica sobre el tema del uso de inteligencia artificial en los sistemas de educación y capacitación continua, partiendo del hecho de que el talento humano es el motor de las empresas. En consecuencia, se generaron mapas de visualización de redes y superposición para identificar términos relevantes y la evolución en el tiempo de las publicaciones relacionadas con la temática. Adicionalmente, se identificaron las revistas con mayor frecuencia de publicaciones, las zonas geográficas de mayor producción y los autores con mayor impacto en el área. Finalmente, se realiza una disertación sobre el impacto que estos conceptos tienen en el ámbito empresarial.

Palabras clave: inteligencia artificial, capacitación, talento humano, análisis bibliométrico.

Introducción

La creciente utilización de tecnología ha configurado una tendencia de cambio de los procedimientos tradicionales de capacitación hacia enfoques apoyados o guiados por métodos especializados que logran integrar la ejecución, evaluación y retroalimentación (Zabaleta et al., 2020). De igual modo, ha crecido la demanda de servicios relacionados con la enseñanza basada en algoritmos o inteligencia artificial (IA) (Sánchez-Prieto et al., 2020). En ese sentido, uno de los campos en los que se aplican programas de software sofisticados es el área de recursos humanos, y más específicamente, en los sistemas de educación y capacitación. Es así como se ha experimentado con la inclusión de técnicas didácticas y asistentes de enseñanza virtuales que optimicen la experiencia de estos usuarios (Kim et al., 2020; Yuan, 2022).

La inteligencia artificial en la empresa

Recientemente fue publicada una investigación cuyos resultados reportan que, en México, el 14 % de los profesionales de Tecnologías de Información que participaron en el estudio aseguraron que dentro de su empresa ya se utiliza inteligencia artificial (IA). De igual manera, el 40 % de los encuestados menciona que se observa una aceleración en la implementación de la inteligencia artificial como consecuencia de la pandemia de Covid-19. Otro dato sumamente interesante es que cerca del 60 % de las empresas mexicanas está considerando adoptar métodos de inteligencia artificial (Canales TI, 2022).

De manera simplificada, Lasse Rouhiainen define a la Inteligencia Artificial como la habilidad que tienen las máquinas para llevar a cabo actividades que usualmente necesitan inteligencia humana (Rouhiainen, 2018). Hoy se sabe que es posible entrenar a las computadoras para que tomen algunas decisiones relacionadas con la actividad empresarial. Esto se logra mediante el procesamiento de una gran cantidad de datos a través de algoritmos cuyo resultado se perfecciona constantemente. Es decir, que a medida que una máquina realiza el mismo proceso una y otra vez, también aprende, por lo que se disminuye exponencialmente la capacidad de la computadora para incurrir en errores. Esto suena tremendamente atractivo, no solo porque se vuelven más eficientes los resultados obtenidos respecto a los que podrían obtenerse de una persona, sino porque, además, las computadoras no necesitan descansar, lo que representa un importante ahorro en recursos. Además, debido a la gran cantidad de datos que las computadoras manejan para poder tomar una decisión, es posible alcanzar decisiones predictivas, otorgando a las empresas un gran poder no únicamente para reaccionar ante un problema actual, sino para implementar estrategias que sean aplicables durante un mayor periodo de tiempo.

El aceleramiento en la implementación de la inteligencia artificial en la empresa puede derivarse, como ya se mencionó, del desarrollo tecnológico, pero igualmente importante es el crecimiento de los niveles de competitividad que se exigen para permanecer en un mercado que cada vez está más globalizado. Ante este panorama, ya no es suficiente con cumplir las expectativas de los clientes, sino que además se vuelve indispensable adelantarse a los cambios constantes de las tendencias de consumo. Los clientes solicitan la disminución en tiempos de respuesta tanto en producción como en entrega y atención, por lo que las organizaciones se han visto obligadas a utilizar inteligencia artificial que les ayude a operar de una manera más rápida y eficiente.

Aunque las ventajas de la inteligencia artificial son muy evidentes, la realidad es que no todas las empresas se encuentran actualmente en posibilidades de adoptarla como parte de sus procesos. Indudablemente, aún existe desconocimiento y falta de experiencia en esta área por parte de los empresarios, además, algunas organizaciones carecen de los recursos necesarios para realizar una inversión inicial en equipo, información y talento humano que, finalmente, es quien desarrolla los algoritmos y entrena a las máquinas para que puedan ejecutar las funciones requeridas.

Importancia del desarrollo del talento humano

Para Carlos Llano, el análisis del trabajo humano debe de ser el centro del cual se parte en cualquier diagnóstico de la realidad del entorno empresarial (Llano et al., 1990). Dicho de otro modo, las personas son quienes mantienen vivas a las organizaciones, por lo que todo lo que se invierta en el perfeccionamiento de cada uno de los colaboradores, se verá reflejado positivamente en la propia organización.

Un programa de capacitación que se planea y ejecuta adecuadamente, trae consigo varios beneficios: por un lado, los empleados que la reciben se sienten más motivados y comprometidos con la empresa; además, procurar el desarrollo personal y profesional de los clientes internos, es propio de las empresas que aplican prácticas de responsabilidad social empresarial, lo que es valorado por un segmento de clientes que prefiere consumir aquellos productos que provengan de empresas socialmente responsables. Adicionalmente, ser reconocida como una organización que procura el bienestar de su equipo de trabajo contribuye a retener a los colaboradores actuales y favorece la atracción de nuevo talento humano. Finalmente, la capacitación continua incide significativamente en la productividad y calidad de las organizaciones, considerando que es justamente mediante la formación del talento humano, que se despliegan los conocimientos, habilidades y destrezas necesarios para que los colaboradores cometan menos errores y desempeñen sus funciones de una manera más rápida y precisa; coadyuvando con ello a la implementación y permanencia de los sistemas de calidad en la empresa (Parra-Penagos y Rodríguez-Fonseca, 2016).

El papel de la inteligencia artificial en los procesos de capacitación empresarial

Si bien la capacitación ha sido una constante en los departamentos de recursos humanos desde hace tiempo, en años recientes, se ha observado cómo las empresas han optado por invertir en programas de capacitación en línea para sus colaboradores, considerando que dicha modalidad trae consigo múltiples beneficios, entre los que se encuentran: flexibilidad de horarios, costos más accesibles y conveniencia de acceder a cursos en distintas ubicaciones geográficas. Para Kim et al. (2020), el aumento en la demanda de educación en línea ha conducido a la creación de una nueva tecnología que incluye asistentes de enseñanza basados en inteligencia artificial. No obstante, aún quedan varias preguntas por responder: ¿qué ocurre con aspectos fundamentales de los procesos de capacitación como la atención personalizada? ¿Existen sistemas inteligentes para determinar los resultados del aprendizaje? ¿Están de acuerdo los participantes con ser potencialmente evaluados por artefactos de software basados en algoritmos de inteligencia artificial? (Sánchez-Prieto et al., 2020).

Aunque sin duda alguna, este tipo de herramientas incrementan el acceso que los colaboradores de una empresa pueden tener a la educación superior (Cheddadi y Bouache, 2021), la utilidad percibida de un asistente de capacitación virtual y la facilidad de comunicación relacionada con el mismo, representan factores clave para predecir una eventual adopción de la inteligencia artificial en esta área (Kim et al., 2020). Las posibilidades derivadas del uso de sistemas inteligentes en el campo de la educación continua constituyen un tema de progresiva atención entre la comunidad científica a partir del vertiginoso desarrollo de estas tecnologías y del activo debate social sobre los riesgos y las consideraciones éticas relacionadas con el uso de inteligencia artificial. Siendo así, se comprenderá que se requiere una mayor cantidad de estudios sobre este tema, particularmente se necesita valorar la aceptación entre los participantes y los facilitadores (Nazari et al., 2021; Sánchez-Prieto, 2020).

Sabiendo que un indicador de éxito de las empresas es la innovación entendida como la capacidad para ofrecer valor de una manera constante adelantándose siempre a los continuos cambios del entorno, la masificación de la aplicación de nuevas tecnologías en la educación de los futuros miembros de las organizaciones y en la capacitación de los colaboradores actuales, cobra especial relevancia. No se trata únicamente de diseñar herramientas pedagógicas a partir de procedimientos soportados por algoritmos, sino que también es importante asegurar que estos nuevos sistemas impacten positivamente la experiencia de quienes los utilicen. De hecho, la adecuada implementación de inteligencia artificial permite que se impulse la colaboración y que se construya un ambiente propicio para la mejora continua, lo que necesariamente va a optimizar la motivación y, por ende, el aprendizaje (Ilić et al., 2021).

Dadas las anteriores consideraciones, este documento presenta los resultados de un análisis de literatura científica cuyo propósito es cuantificar y explorar cuáles son las redes bibliométricas existentes alrededor de la inteligencia artificial y de los sistemas de recomendación en relación con las nuevas generaciones, mismas que se encuentran más familiarizadas con la inteligencia artificial y que constituyen una gran parte del talento humano de las organizaciones. Con este análisis no solo se observa la tendencia creciente de los estudios realizados en el área, sino que además se obtienen asociaciones de términos relacionados con la inteligencia artificial en la educación superior.

Análisis bibliométrico

Análisis bibliométrico con VOSviewer

A partir de los resultados de la ecuación de búsqueda (tabla 1), la exportación de los datos en un archivo CSV y la depuración de términos, se realizó un mapa de coocurrencias utilizando la herramienta de software VOSviewer. Se consideró un número mínimo de cinco ocurrencias por término para cada una de las 15 palabras clave (tabla 2).

Tabla 1. Ficha técnica

Ecuación de búsqueda:	(TITLE ({recommendation system} OR ai) AND TITLE (millennials OR centennials OR students))
Base de datos:	Scopus
Cantidad de resultados:	98
Fecha de consulta:	03/10/2021

Fuente: elaboración propia.

Tabla 2. Resultados VOSviewer

Elementos:	15
Enlaces:	74
Clústeres:	3
Fuerza total del enlace:	235

Fuente: elaboración propia.

Se calculó la fuerza total de los enlaces de coocurrencia con otras palabras clave y términos relevantes para seleccionar los términos con la mayor fuerza total del enlace para generar los siguientes mapas: *Network visualization* (gráfica 1) y *Overlay visualization* (gráfica 2) a partir de los resultados.

<h2 style="text-align:center">Gráfica 1. Mapa Networking Visualization</h2>

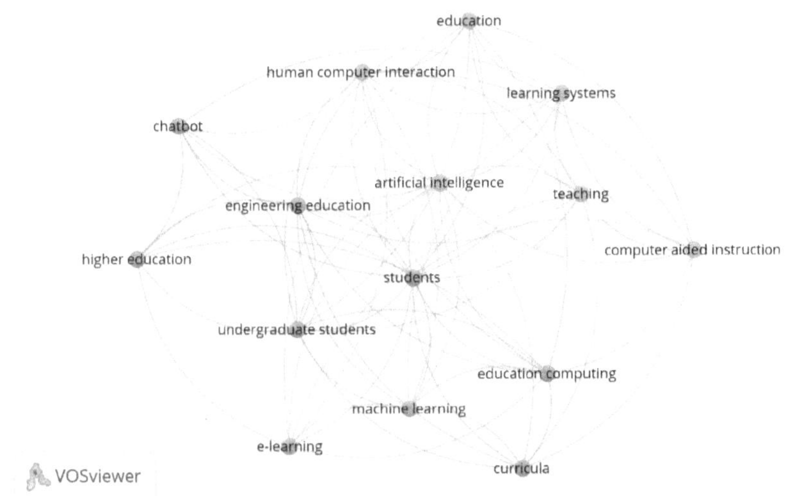

Fuente: elaboración propia utilizando el software VOSviewer.

<h2 style="text-align:center">Gráfica 2. Mapa Networking Visualization</h2>

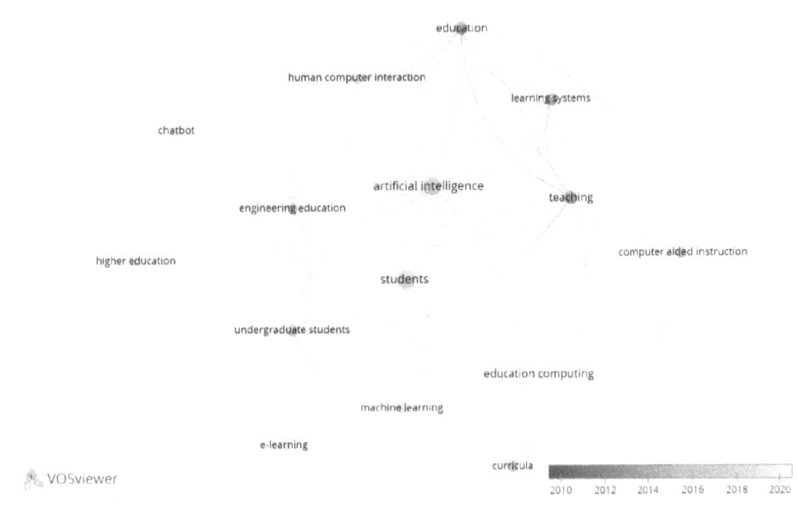

Fuente: elaboración propia utilizando el software VOSviewer.

En el mapa anterior (gráfica 1), se destacan 74 enlaces y 3 clústeres señalados por colores para identificar una variedad de conceptos o términos relevantes frente al tema de la inteligencia artificial y sus aplicaciones en intersección con los participantes en procesos de educación. En la imagen, el tamaño de los nodos representa la frecuencia de aparición de los términos. Así mismo, es posible apreciar las diferentes relaciones que se presentan entre los conceptos. Las palabras *students* y *artificial intelligence* presentan una ocurrencia de 54 y 40 respectivamente. Adicionalmente, aparecen términos afines como los siguientes: *education computing, machine learning, human computer interaction, e-learning, learning systems, computer aided instruction,* entre otros.

Respecto al mapa de superposición (gráfica 2), el resultado presenta la evolución temporal de la publicación de artículos relacionados con el tema. En los últimos años se evidencia una tendencia hacia mayores publicaciones de términos relacionados con la educación superior, tales como: *machine learning, human computer interaction, chatbots, e-learning y education computing.* Otro aspecto relevante lo representan las relaciones de la instrucción asistida por computadora por medio de chatbots y sistemas de aprendizaje desarrollados a partir de inteligencia artificial con implicaciones en el rediseño de planes de estudio en la educación superior.

Análisis bibliométrico con Tree of Science

A continuación, se presenta la literatura relevante por medio de la estructura de red de citaciones a partir de Tree of Science (gráfica 3).

Gráfica 3. Árbol de información

Fuente: elaboración propia utilizando Tree of Science.

Seminales

- Davis, F. D. (1989). Perceived Usefulness, Perceived Ease of Use, and User Acceptance of Information Technology. *Mis Quarterly*, *13*(3), 319-340. 10.2307/249008.
- Ajzen, I. (1985). Action Control. En J. Beckmann y J. Kuhl (Eds.), *Action Control* (pp. 11-39). Springer.
- Venkatesh, V. y Davis, F. D. (2000). Theoretical extension of the Technology Acceptance Model: Four longitudinal field studies. *Management Science, 46*(2), 186-204. doi: 10.1287/mnsc.46.2.186.11926

Estructurales

Palabras clave: *robots, communication, perceived usefulness, technology acceptance model, ease.*

- Kim, J. (2020). My Teacher Is a Machine: Understanding Students' Perceptions of AI Teaching Assistants in Online Education. *Int J Hum-comput Int, 36*(20). doi: 10.1080/10447318.2020.1801227

Emergentes

Palabras clave: *technology, procrastination, somatic disorders, user, college-students.*

- Sanchez-Prieto, J. C., Cruz-Benito, J. Therón, R. y García-Peñalvo, F. (2020). Assessed by Machines: Development of a TAM-Bases Tool to Measure AI-based Assessment Acceptance Among Students. *Int J Interact Multi, 6*(4), 80. doi: 10.9781/ijimai.2020.11.009
- Dekker, I., De Jong, E. M., Schippers, M. C., De Brujin-Smolders, M., Alexiou, A y Giesbers, B. (2020). Optimizing Students' Mental Health and Academic Performance: AI-Enhanced Life Crafting. *Front Psychol, 11.* doi: 10.3389/fpsyg.2020.01063

Adicionalmente, por medio de la utilización de la herramienta web Tree of Science se realizó una exploración de las estructuras de la red de citaciones para identificar la literatura de mayor relevancia y localizarla en un espacio temporal (gráfica 4).

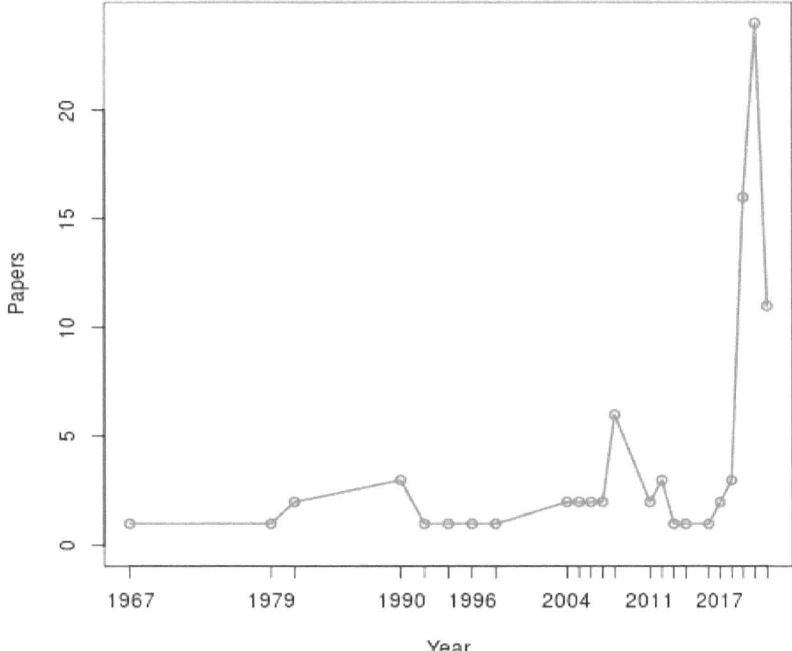

Gráfica 4. Producción científica anual

Fuente: elaboración propia utilizando la herramienta web Tree of Science.

En relación con la aplicación de la herramienta web Tree of Science, destaca una fuerte tendencia al alza de la producción científica iniciada en 2016 con su punto más alto en el 2020 y un aparente retroceso en 2021. En ese sentido, el intervalo permite localizar literatura relevante relacionada con la temática a partir de los resultados de la ecuación de búsqueda. Adicionalmente, la herramienta posibilitó la identificación de las revistas con mayor frecuencia de publicaciones de documentos sobre la temática de la revisión. La información es presentada a manera de tabla a continuación (tabla 3).

Tabla 3. Revistas más populares

Revista	Frecuencia
Lecture Notes in Computer Science (Including Subseries Lecture Notes in Artificial Intelligence and Lecture Notes in Bioinformatics)	9
Ceur Workshop Proceedings	5
Annual Conference on Innovation and Technology in Computer Science Education, Iticse	3
AAAI 2020-34th AAAI Conference on Artificial Intelligence	2
AAAI Spring Symposium-Technical Report	2
Aaai Workshop-Technical Report	2
Conference on Human Factors in Computing Systems-Proceedings	2
Frontiers in Psychology	2
IEEE Global Engineering Education Conference, educon	2
International Journal of Human-Computer Interaction	2

Fuente: elaboración propia utilizando herramienta web Tree of Science.

A partir de lo anterior, se observa que la revista que arroja mayor frecuencia corresponde a *Lecture Notes in Computer Science* (LNCS), la cual es una publicación consolidada con subseries centradas en inteligencia artificial. En segundo lugar se ubica la publicación de acceso libre *CEUR Workshop Proceedings* (CEUR-WS, 2017), publicación enfocada en las ciencias de la computación y sus aplicaciones en áreas relacionadas con enfoques innovadores en la educación a partir de la aplicación de tecnología.

Análisis bibliométrico con R bibliometrix

El análisis bibliométrico con R bibliometrix facilita la visualización de la colaboración a nivel global, puesto que el mapa resultante (gráfica 5) permite localizar las zonas geográficas de mayor producción relacionada con la temática de esta revisión. Se observa con claridad que sobresale la relación dinámica entre Estados Unidos y Europa. Finalmente, se presenta el impacto local por autor a partir del índice de citación total que integra los índices h, m y g para medir la calidad científica de los autores en función de la citación de sus publicaciones y el impacto en el área científica del investigador.

Gráfica 5. Mapa mundial de colaboración

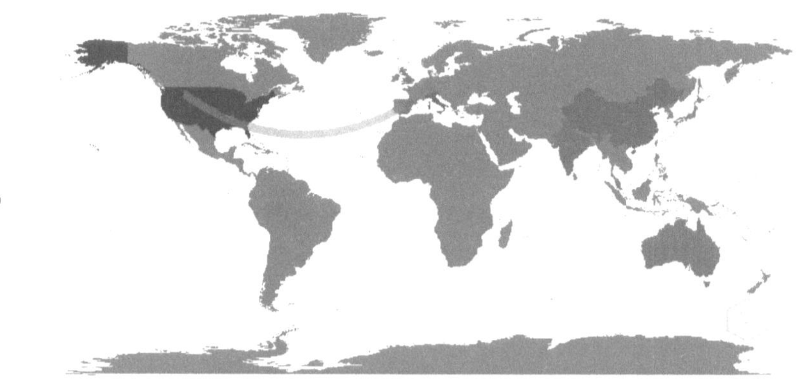

Fuente: autoría propia utilizando R bibliometrix.

Como un complemento de la representación gráfica de la colaboración mundial, hay que destacar que los autores: Aleven V., Holstein K. y Mclaren B. M. poseen publicaciones que han sido citadas por otros autores 48 veces y Clark P. y Etzioni O., 43 veces. Sin duda alguna, estas métricas son significativas en relación con el alcance de las investigaciones de estos autores para establecer relaciones conceptuales en la producción de conocimiento en el área y en futuras líneas de investigación (gráfica 6).

Gráfica 6. Impacto local del autor por índice de citación total

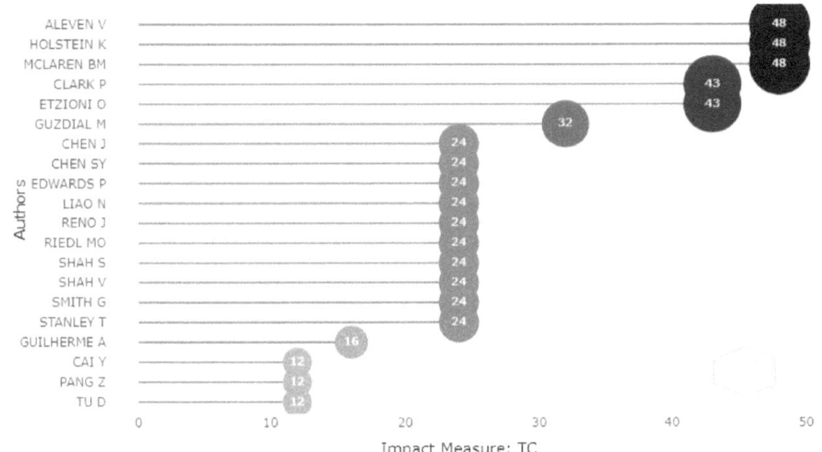

Fuente: autoría propia utilizando R bibliometrix.

Consideraciones finales

El impacto de la inteligencia artificial en la capacitación del talento humano es evidente, puesto que la aplicación de distintas tecnologías en este proceso genera nuevas formas de estructurar y desarrollar modalidades de enseñanza que permiten eficientar los programas de desarrollo de las empresas. Este propósito se logra mediante herramientas como: informática educativa, aprendizaje automático, interacción persona-ordenador, *e-learning,* nuevos sistemas de aprendizaje, enseñanza asistida por ordenador, *chatbots*, entre otros.

La experiencia de los usuarios de capacitación empresarial basada en inteligencia artificial puede optimizarse de distintas maneras. Por ejemplo, la utilización de sistemas inteligentes permite que las preguntas de los alumnos sean respondidas en tiempo real, del mismo modo se les sugiere la consulta de algunas otras fuentes que les permitirán aclarar sus preguntas y profundizar en sus temas de interés. Además, los dispositivos de inteligencia artificial "escuchan" a las personas y van aprendiendo el lenguaje que utilizan durante la interacción, lo que les permite comprender distintos idiomas, pronunciaciones y frases. Por si fuera poco, la presencia de las plataformas electrónicas inteligentes se ha vuelto parte del día a día de muchas personas, por lo que algunos colaboradores de las organizaciones ya se encuentran familiarizados con estos dispositivos y les resulta fácil integrarlos con otras aplicaciones que consideran directa o indirectamente contenido de capacitación, como: Coursera, YouTube, Spotify o LinkedIn Learning. Inclusive, Coursera ya se beneficia de la inteligencia artificial para analizar las métricas de los cursos que tienen más alta tasa de participación y finalización, lo que le permite mejorar las lecciones o programas actuales y generar nuevos cursos que sean interesantes y satisfactorios para los usuarios de la plataforma.

En una era digital donde compartir contenido y generar comunidades es una constante, también es posible integrar los sistemas de capacitación con redes sociales como Instagram, Facebook o LinkedIn, de manera que los participantes puedan publicar el certificado de haber terminado su curso con sus redes de contacto, lo que puede animar a participar a otros colaboradores e incrementar la tasa de finalización de los cursos.

Por todo lo anterior, se considera que la inteligencia artificial posee un elevado potencial para transformar los procesos de capacitación empresarial a partir de la aplicación de algoritmos que pueden personalizarse con base en los requerimientos propios de cada empresa y que se adapten a los diferentes perfiles de usuarios. Sin embargo, así como se ha hablado de los beneficios de la tecnología aplicada a los procesos educativos de la empresa, igualmente es importante señalar algunas preocupaciones de la implementación de la inteligencia artificial en el entorno empresarial, entre las que se encuentra la falta de transparencia en el manejo de los datos personales, así como la posibilidad de que las empresas opten por eliminar puestos de trabajo por hacer uso de computadoras que realicen el trabajo de una manera más eficiente, pero menos "humana". El ecosistema organizacional óptimo no está conformado únicamente por máquinas, sino por computadoras que realicen de una manera automatizada los procesos más técnicos y de personas que puedan enfocarse en actividades estratégicas y en generación de nuevas ideas. Si bien, contrario a lo que se cree, se espera que el hecho de que las empresas adopten tecnologías basadas en inteligencia no aumentará el desempleo, sí es altamente probable que los colaboradores necesiten actualizarse, mientras que los futuros empleados deberán capacitarse en áreas relacionadas con *machine learning,* ciencia de datos, programación y en general, en todas las áreas de Tecnologías de Información, pues la tendencia apunta a que desaparecerán algunas ocupaciones, mientras que paralelamente, surgirán otras.

Aunque, como ya se expuso, es posible entrenar a una máquina para que realice una operación o tome una decisión, no hay que olvidar que el resultado se basa en la disponibilidad de datos existentes, por lo que siempre existirá una limitación derivada del hecho de que es difícil dotar a un equipo de sentido común, de un esquema de valores y de un criterio ético, mismos que son indispensables en los procesos de atención al cliente, así como en las áreas de educación y capacitación. Se prevé que, así como ha sucedido en el servicio al cliente, en un futuro próximo, las plataformas de capacitación empresarial reemplacen a los profesores por tutores inteligentes o robots. Para evitar un impacto negativo de dicho cambio, será primordial cerciorarse de que la inteligencia artificial esté centrada en la persona. Así mismo, es importante verificar que los algoritmos estén debidamente entrenados para prestar especial atención a los grupos vulnerables y a las personas con discapacidades.

La robótica ya forma parte del contexto en el que vivimos: anuncios, navegadores, mapas, banca en línea, asistentes de voz inteligentes y *feeds* en redes sociales se basan en inteligencia artificial. Pretender detener el avance tecnológico además de ser una misión imposible, sería un grande error, pues la inteligencia artificial llegó para quedarse y para formar parte de quienes somos y de cómo vivimos. Por lo tanto, invertir en tecnología inteligente enfocada a la automatización de procesos y a la capacitación del talento humano representa una gran oportunidad para los empresarios enfocados en desarrollar mayores ventajas competitivas y en hacer crecer sus organizaciones.

Referencias

Artículos, capítulos y libros

Ajzen, I. (1985). Action Control. En J. Beckmann y J. Kuhl (Eds.), *Action Control* (pp. 11-39). Springer. doi: 10.1007/978-3-642-69746-3

Cheddadi, S. y Bouache, M. (2021). Improving Equity and Access to Higher Education Using Artificial Intelligence. En *2021 16th International Conference on Computer Science & Education (ICCSE)* (pp. 241-246). IEEE. doi: 10.1109/ICCSE51940.2021.9569548

Davis, F. D. (1989). Perceived Usefulness, Perceived Ease of Use, and User Acceptance of Information Technology. *MIS Quarterly, 13*(3), 319-340. doi: 10.2307/249008

Dekker, I., De Jong, E. M., Schippers, M. C., De Brujin-Smolders, M., Alexiou, A y Giesbers, B. (2020). Optimizing Students' Mental Health and Academic Performance: AI-Enhanced Life Crafting. *Front Psychol, 11*. doi: 10.3389/fpsyg.2020.01063

Ilić, M. P., Păun, D., Šević, N. P., Hadžić, A. y Jianu, A. (2021). Needs and performance analysis for changes in higher education and implementation of artificial intelligence, machine learning, and extended reality. *Education Sciences, 11*(10). doi: 10.3390/educsci11100568

Kim, J., Merrill, K., Xu, K. y Sellnow, D. D. (2020). My Teacher Is a Machine: Understanding Students' Perceptions of AI Teaching Assistants in Online Education. *International Journal of Human-Computer Interaction, 36*(20), 1902-1911. doi:10.1080/10447318.2020.1801227

Llano, C., Pérez, J. A., Gilder, G. y Polo, L. (1990). *La vertiente humana del trabajo en la empresa.* Ediciones Rialp.

Nazari, N., Shabbir, M. S. y Setiawan, R. (2021). Application of Artificial Intelligence powered digital writing assistant in higher education: randomized controlled trial. *Heliyon, 7*(5). doi: 10.1016/j.heliyon.2021.e07014

Parra-Penagos, C. y Rodríguez-Fonseca, F. (2016). La capacitación y su efecto en la calidad dentro de las empresas. *Revista de Investigación, Desarrollo e Innovación, 6*(2), 131-143. doi: 10.19053/20278306.4602

Rouhiainen, L. (2018). *Inteligencia artificial.* Alienta.

Sánchez-Prieto, J. C., Cruz-Benito, J., Therón, R. y García-Peñalvo, F. (2020). Assessed by Machines: Development of a TAM-Based Tool to Measure AI-based Assessment Acceptance Among Students. *International Journal of Interactive Multimedia and Artificial Intelligence, 6*(4), 80. doi: 10.9781/ijimai.2020.11.009

Sánchez-Prieto, J. C., Gamazo, A., Cruz-Benito, J., Therón, R. y García-Peñalvo, F. J. (2020). AI-Driven Assessment of Students: Current Uses and Research Trends. En P. Zaphiris y A. Ioannou (Eds.), *Learning and Collaboration Technologies. Designing, Developing and Deploying Learning Experiences* (Vol. 12205, pp. 292-302). Springer International Publishing. doi: 10.1007/978-3-030-50513-4_22

Todeschini, R. y Baccini, A. (2016). *Handbook of bibliometric indicators: quantitative tools for studying and evaluating research*. Wiley-VCH.

Venkatesh, V. y Davis, F. D. (2000). Theoretical extension of the Technology Acceptance Model: Four longitudinal field studies. *Management Science*, *46*(2), 186-204. doi: 10.1287/mnsc.46.2.186.11926

Yuan, M. (2022). Integration of Artificial Intelligence and Higher Education in the Internet Era. En Jansen, B. J., Liang, H. y Ye, J. (Eds.), *International Conference on Cognitive based Information Processing and Applications (CIPA 2021)* (pp. 604-611). Springer.

Zabaleta, J. M., Sánchez, M. T., Jara, J. Y., Villalba, J. D. y Quiroga, D. E. (2020). La gamificación como un aliado pedagógico en los procesos académicos de los programas universitarios. *Revista Ibérica de Sistemas e Tecnologias de Informação, E39*(01), 257-268.

Zupic, I. y Čater, T. (2015). Bibliometric Methods in Management and Organization. *Organizational Research Methods*, *18*(3), 429-472. doi: 10.1177/1094428114562629

Recursos electrónicos

Canales TI. (2021, septiembre 8). México se posiciona para crecimiento en inteligencia artificial. *Canales TI.* https://itcomunicacion.com.mx/mexico-se-posiciona-para-crecimiento-en-inteligencia-artificial/

CEUR Workshop Proceedings (CEUR-WS). (2017). Página web oficial. https://ceur-ws.org/

Chicaíza-Becerra, L. A., Riaño, M. I., Rojas-Berrio, S. P. y Garzón, C. (2017). Revisión sistemática de la literatura en administración. *Documentos FCE-CID Escuela de Administración y Contaduría Pública N° 29*, 1-18. http://fce.unal.edu.co/media/files/CentroEditorial/documentos/documentosEACP/documentos-EACP-29.pdf

¿EN LA EMPLEABILIDAD, EL BENEFICIO POR EL USO DE LA INTELIGENCIA ARTIFICIAL ES PARA TODOS?

Guadalupe Gaytán Jiménez
Universidad Panamericana

Resumen

En el entorno actual, con el uso cada vez mayor de la inteligencia artificial en todos los ámbitos de la vida humana, la educación, la salud, la comunicación, la manufactura, el comercio, el turismo, etcétera. Se ha especulado sobre si esto representará un riesgo o un beneficio en la empleabilidad de futuras generaciones; parece ser que todo dependerá de los conocimientos y habilidades requeridas para adaptarse a la tecnologización cada vez más vertiginosa del mundo, pero no será un esfuerzo solo de los futuros empleados sino también impactará a los futuros empleadores y requerirá posiblemente del apoyo del sector público.

Palabras clave: empleabilidad, automatización, competencias laborales.

Introducción

Recientemente un artículo publicado en la *Revista Expansión* (¿La inteligencia artificial hará que desaparezcan empleos? Estas son sus ventajas, 2022) sugería en su título que podrían perderse empleos por su uso. Entrando a detalle, citaban un estudio realizado por Computing Technology Industry Association (CompTIA) quien se denomina como "voz líder y defensora del ecosistema global de tecnología de la información [...]" (CompTIA, 2023) y en dicho estudio aseguraban que el 91.5 % de empresas en el mundo consideradas líderes ya habían realizado inversiones en inteligencia artificial (IA) y que incluso esperaban un incremento importante en la automatización de empleos para el 2023; una conclusión importante en este estudio es que para el 2025 en el mundo se necesitarían más de 90 millones de especialistas en la industria de la IA. A su vez, un artículo de Zahidi (2020), citando el informe de 2020 del Foro Económico Mundial sobre el futuro del empleo, que habla sobre los empleos y competencias del futuro con base en encuestas hechas a directivos de empresas y estrategas de recursos humanos en todo el mundo, se menciona que alrededor el 43 % de las empresas que participaron dijeron estar:

> [...] preparadas para reducir su fuerza laboral debido a la incorporación de tecnología; el 41 % tiene pensado recurrir más a contratistas para tareas especializadas y el 34 % planea ampliar su personal como resultado de las nuevas tecnologías. (Zahidi, 2020)

Asimismo, mencionaba que la fuerza laboral automatizada desplazará 85 millones de empleos –del tipo actual– en los próximos cinco años. A su vez:

> [esta] revolución robótica creará 97 millones –de nuevos empleos– y con ello se desarrollarán más las carreras relacionadas con la creación de contenidos (como administrador de redes sociales y redactor de contenidos). (Zahidi, 2020)

Por tanto, en lo que respecta a nivel de empleabilidad, entendiendo el término "como la capacidad de adaptar nuestras circunstancias profesionales y personales, capacidades, competencias y conocimientos a las necesidades del mercado laboral en cada momento para no quedarnos descolgados" (Equipo Ledlv, 2019), pareciera que el *beneficio* para la totalidad de la población puede tratarse como un tema de "vaso medio lleno o vaso medio vacío". Lo anterior puede detonar dos preguntas: ¿qué industrias serán las que más requerirán y se beneficiarán de la IA? ¿Y qué será necesario en la adaptación de la IA para todos obtener sus beneficios? En diferentes artículos de investigación pueden encontrarse algunos resultados no tan obvios como los conocidos, en manufactura o ciertas áreas agroindustriales. Por tanto, este artículo trata de otorgar al lector información desde diferentes puntos de vista para que, según sus necesidades, ya sea empleado o empleador, pueda ampliar su conocimiento al respecto y actuar en consecuencia.

Qué se entiende por inteligencia artificial

Para iniciar, ¿todos entendemos qué es la inteligencia artificial (IA) y qué tanto comprende? Si se busca en internet, por ejemplo, a nivel básico se encontrará lo siguiente:

> La inteligencia artificial es, en ciencias de la computación, la disciplina que intenta replicar y desarrollar la inteligencia y sus procesos implícitos a través de computadoras. No existe un acuerdo sobre la definición completa de inteligencia artificial, pero se han seguido cuatro enfoques: dos centrados en los humanos (sistemas que piensan como humanos, y sistemas que actúan como humanos) y dos centrados en torno a la racionalidad (sistemas que piensan racionalmente y sistemas que actúan racionalmente). (Wikipedia, 2023)

Por otra parte, el Diccionario de la Real Academia Española dice que es una "disciplina científica que se ocupa de crear programas informáticos que ejecutan operaciones comparables a las que realiza la mente humana, como el aprendizaje o el razonamiento lógico" (RAE, 2023).

Si se recurre a la definición del Reglamento sobre principios éticos para el desarrollo, el despliegue y el uso de la inteligencia artificial, la robótica y las tecnologías conexas propuesto por el Parlamento Europeo y citado por Ramón Fernández (2021), encontrará que la IA es:

> [...] un sistema que se basa en programas informáticos o se incorpora a dispositivos físicos que tiene un comportamiento inteligente, ya que puede ejecutar actividades como recopilar, analizar datos, interpretar

el entorno y decidir con cierta autonomía para conseguir objetivos concretos. (Ramón, 2021)

Por ello su preocupación e investigación ante la incursión de la IA en la medicina.

Barrios, Díaz y Guerra (2020), citando a otros autores, en una investigación identifican que:

> [...] la IA plantea desafíos a disciplinas como la antropología en cuestiones acerca de la condición humana (García-Gutiérrez, 2017), a la psicología en relación con la psicoterapia y la modificación de conductas (Rivera & Sánchez, 2018), a la teología en su significado y origen acerca de lo humano (Kotze, 2018), a la medicina en relación con el cuidado, el diagnóstico y el tratamiento clínico (Char, Shah & Magnus, 2018; Guerra & García-Mayor, 2018), a los actores educativos en el área de la educación (Barrios-Tao, Díaz & Guerra, 2019) y hasta al periodismo y sus dimensiones profesionales y éticas (Salazar, 2018). (citados en Barrios, Díaz y Guerra, 2020)

Asimismo, mencionan los posibles impactos, desafíos, aportes y riesgos de la IA y que las apreciaciones relativas a la misma:

> [...] son diversas e inspiran valoraciones dispares: sueños y pesadillas (Martorell, 2019), entusiasmos y temores (UK-RAS, 2017 ... y que el equilibrio se podría determinar en forma de oportunidades para el bienestar integral del ser humano. (citados en Barrios, Díaz y Guerra, 2020)

Con todo lo anterior, puede quedar más clara la importancia de la IA en todos los ámbitos posibles y cómo nos podríamos beneficiar de ella, o bien, salir perjudicados; en relación con nivel de empleabilidad, ¿qué deberán cuestionarse los empleadores y qué los empleados para un futuro muy próximo?

Beneficios de la inteligencia artificial

Respecto al primer cuestionamiento, ¿qué industrias serán las que más requerirán IA? Es importante considerarlo, pues las industrias con mayor adaptación a la IA parecerían ser las que principalmente sustituirían los empleos tradicionales por otros con mayor capacitación o especialización tecnológica, lo cual llevará a lo que ya se empieza a conocer como la cuarta Revolución Industrial y sus efectos. La segunda pregunta, ¿qué será necesario en la adaptación de la IA? Puede parecer tardía ante las implementaciones que se están viendo en diferentes ámbitos respecto a la IA, conocer al respecto puede empezar a dar orientación para los empleados y empleadores de las industrias y/o países que aún no se lo han planteado.

Vaso medio lleno

En un trabajo relativo a la inclusión de la IA en el **periodismo**, de forma precisa al redactar las crónicas deportivas (Murcia, Antón y Rubio, 2022) se demostraba que la IA es eficaz en la obtención y ordenamiento de datos, y hasta en dar a conocer acciones de los juegos, pero carecían de la cualidad de una verdadera crónica deportiva hecha por periodistas, ya que estas últimas otorgan un carácter analítico o interpretativo de calidad, propio del periodismo deportivo. En este caso, pareciera que la IA no podría sustituir del todo, hasta el momento, la labor de los cronistas y que al contrario, se podrían ayudar de ella en la obtención de datos estadísticos que avalen sus reseñas.

Por otra parte Monasterio (2021), investigando en relación con la inteligencia artificial para el **bien común** (AI4SG) que:

> [...] es una línea de investigación que busca aplicar los desarrollos y avances de la IA para resolver problemas sociales y mejorar el bienestar de los individuos, la sociedad y el planeta en su conjunto. (Hager et al., 2017; Berendt, 2019; Floridi et al., 2020 citados en Monasterio, 2021)

Menciona que aunque algunos pueden ver una amenaza o riesgo por desempleo tecnológico, sistemas de armas autónomas letales, robots asesinos, etcétera.

La tecnología digital puede ser la solución para grandes problemas de la humanidad y otorga diferentes usos y aplicaciones de la IA encaminados a lograr los 17 objetivos de Desarrollo Sostenible planteados por la ONU para el 2030; en su artículo también propone algunos ejemplos de planes de acción que el gobierno Español ha establecido. Uno de los ejemplos que menciona es el tal vez principal problema de la humanidad: la pobreza, y menciona como ejemplo que haciendo estudios a través de fotografías tomadas vía satélite se buscan personas que tienen necesidades básicas por cubrir, estas analizadas por algoritmos llevado a encontrar correlaciones entre la luz artificial y la situación económica de una región; con lo anterior en un estudio, unieron esos algoritmos a censos de vivienda y se predijo con un 81 % de fiabilidad la distribución de la pobreza de cierta región. Por otra parte, como también la IA se usa en la agricultura, automatizando la siembra y recolección, con aplicaciones que pueden predecir mejores cultivos, etcétera, menciona que si estos datos son usados debidamente, pueden erradicar la pobreza y proveer de buenos alimentos. Respecto a la reducción de la desigualdad, otro de los 17 objetivos de desarrollo, propone a modo de ejemplo que los "programadores y desarrolladores provengan de todas las capas de la sociedad, de las minorías, grupos vulnerables o poco representados, así como presencia paritaria de mujeres", pues menciona que así, se ayudaría favoreciendo a dichos grupos en la selección de personal, en el acceso a carreras universitarias y a esferas sociales, políticas, culturales o de negocios, y que adicionalmente en se evitarían abusos tecnológicos en los sistemas en los que se toman decisiones con sistemas automatizados, ya que estos en ocasiones tienen algoritmos sesgados, y que estos nuevos programadores pondrían sus propios sesgos en los algoritmos que tratarían los datos o bien no sesgarían haciendo esfuerzos conscientes.

Como tercer ejemplo de uso viendo "el vaso medio lleno", el citado por Rangel (2022) menciona los beneficios de uso para la protección de los menores al acceso de contenidos en internet que les sean perjudiciales, lo cual sería un gran avance para padres de familia y/o formadores en la supervisión y la educación digital de los menores.

Vaso medio vacío

De acuerdo con Almeida (2019) el sector de servicios aún no ha desarrollado todo su potencial en relación con la IA, pero aun así dentro de este, al **sector turismo** debido a las tecnologías de información y comunicaciones (TIC's) le ha hecho cambiar su estructura, la forma de relacionarse, ha introducido nuevos competidores o productos sustitutos, lo que "a nivel micro" como menciona, ha afectado de alguna manera a las empresas de los subsectores turísticos teniendo que cambiar o adaptarse para no perder competitividad. Como un ejemplo de vaso medio vacío, esta investigación menciona que el uso de TIC's en este sector provoca que los usuarios dejen "huella" electrónica en internet, lo que supone no solo itinerarios o destinos preferidos, sino elección de restaurantes, tiendas de consumo, fotos e incluso hasta evaluaciones de "su experiencia" de viajes con el uso de ciertas plataformas. Si antes se recurría a agentes de viajes para conocer sus experiencias y recomendaciones, esto ahora cada vez más es sustituido por agentes virtuales, tanto en la atención al cliente como en otros servicios; si antes se contrataban recepcionistas, camareros, cocineros, etcétera, ahora, como lo hace el hotel japonés Henn-na Hotel (H.I.S. Hotel Holding, 2023) en estas labores se emplean robots. Ciertamente, este tuvo que "despedir" a cierta parte de su plantilla pues bajo ciertas circunstancias fallaban y claramente no sustituían la labor humana, pero su introducción "no contradice el hecho de que las nuevas tecnologías robóticas, habilitadas por AI, podrán reemplazar" a los empleados humanos (Reis et al., 2020). En esta industria, algunos investigadores coinciden en que lo sucedido solo desvela que aún falta investigar más profundamente el cómo y cuánto deberá subsistir en relación con las combinaciones de labores humanas y robóticas, así como analizar a fondo oportunidades y amenazas, fortalezas y debilidades de la industria completa.

En cuanto al **sector vitivinícola** el ejemplo no es muy diferente; Galeano-Arias et al. (2021), hicieron una investigación dirigida a establecer por medio de técnicas de IA las variables más influyentes en la calidad sensorial del vino, hasta ahora hecha por expertos en el área, tales como la calidad y otras variables como acidez, azúcares, PH, alcohol, entre otras. Sus resultados mostraron una efectividad superior al 95 % en ciertos de estos elementos, y concluyeron que con "el control de estas 4 variables [las que eligieron para su estudio] es suficiente para mejorar la calidad del vino". Trabajaron con una pequeña evidencia, ellos mismos sugieren ampliar el espectro muestral, pero lo plantean como una opción para determinar la calidad del vino evitando así lo costoso de estas pruebas y además replicar dicho trabajo en estudios similares.

Áreas de oportunidad para empleados y empleadores

Por lo anteriormente desarrollado a modo de ejemplos, un área de oportunidad estriba en qué se debe hacer para que en temas de empleabilidad todos se vean beneficiados por el uso de la IA. De acuerdo con una encuesta realizada por el Foro Económico Mundial para su informe de 2020 "Mapeo de TradeTech: comercio en la cuarta revolución industrial", se mostraron los posibles efectos negativos de la adopción del TradeTech "en términos de competencia y desplazamiento laboral". Aunque en una de las conclusiones mencionaba que "persisten desafíos clave, desde la falta de capital humano en ciertos sectores, hasta la falta de interoperabilidad de la infraestructura/ecosistemas tecnológicos y la resistencia a compartir datos con otros actores"; por otra parte, de acuerdo con Ávila et al. (2022), la cuarta Revolución Industrial y los avances tecnológicos deben llevar a las empresas a ser conscientes del talento humano que tienen y que requerirán, "promoviendo la capacitación de talentos multidisciplinarios con adaptabilidad", concluyendo que las empresas reemplazarán labores humanas por las automatizadas y por tanto su talento humano estará más fortalecido en sus capacidades.

En la sección editorial de la *Revista Istmo*, núm. 380 se menciona que el Foro Económico Mundial "estima que un 65 % de los empleos que requerirán quienes están actualmente cursando su educación primaria no existen aún" (Istmo, 2022). De acuerdo con un análisis de Bikse et al. (2022), aunque hecho para Letonia, mencionan que dadas la velocidad, amplitud y profundidad, así como el impacto de los sistemas que implica la cuarta Revolución Industrial, para la promoción de empleabilidad de los jóvenes, indica que se requiere que empresarios e instituciones educativas cooperen entre sí para invertir en capital humano y mejora del entorno empresarial, la transformación digital de las Pymes y la modernización del sistema educativo, ya que las exigencias de la educación de las personas serán altas, así como su profesionalidad, pues se necesitará que todas las personas lleguen a desarrollar competencias y habilidades digitales, sociales, básicas y contextuales, incluyendo la alfabetización científica.

Sánchez-Urán (2021) en su investigación sobre Robótica inclusiva mencionan que diferentes organismos públicos y privados, internacionales y europeos, citando como ejemplos a la Organización para la Cooperación y el Desarrollo Económico (OCDE), la Organización Internacional del Trabajo (OIT), el World Economic Forum (WEF) y la Unión Europea (UE) entre otros, realizan estudios, informes y análisis respecto a la IA y la autora sugiere promover acciones para que ante la automatización y la robótica se generen empleos centrados en trabajos que añadan más valor, comprometerse para evitar desigualdades sociales provocadas por el crecimiento tecnológico, con atención especial a la vulnerabilidad de ciertos colectivos en especial de los que son más discriminados por género o edad. Comenta que es necesario legislar para ponderar y equilibrar la garantía de libertad de las empresas, refiriéndose a la libertad de innovación, con los derechos de los empleados, para así:

> [...] garantizar la empleabilidad de las personas y ponderar los incentivos para la puesta en marcha de actividades y empresas altamente tecnologizadas, evitando la pérdida de población trabajadora en los sectores que están reconvirtiendo su modelo tradicional en otros más tecnológicos. (Sánchez-Urán, 2021)

Menciona que en la Resolución del Parlamento Europeo de octubre de 2020 se hicieron recomendaciones respecto a que es necesaria la inversión por parte de las empresas empleadoras en la formación tanto formal como informal, así como en el aprendizaje permanente, lo que haría una transición más justa a lo digital, buscando que los empleados afectados por la introducción de tecnología aprendan a utilizar herramientas digitales, a trabajar con robots colaborativos y otras tecnologías, para que conserven su empleo. Por último, en dicha resolución el Parlamento Europeo piden a los Estados miembro invertir en educación, formación profesional y aprendizaje permanente de alta calidad, adaptables e inclusivas mencionado anteriormente y:

> [...] en dotar a la mano de obra actual y futura de capacidades necesarias en lectura, escritura, cálculo y competencias digitales, así como competencias en ciencias, tecnología, ingeniería y matemáticas, competencias interpersonales transversales como el pensamiento crítico, la creatividad y el emprendimiento. (Sánchez-Urán, 2021)

El reto es grande, como ya lo mencionaba Monasterio (2021), para lograr lo anterior es necesaria la colaboración público-privada y alianzas industria-academia-gobierno.

Por tanto, retomando a Zahidi (2020), menciona que en 2025 el pensamiento analítico, la creatividad y la flexibilidad serán de las competencias más buscadas y que será muy importante las habilidades de pensamiento crítico, análisis y la resolución de problemas. Por último, dicho artículo menciona que "las nuevas habilidades que se observan este año están relacionadas con el autocontrol, como el aprendizaje activo, la resiliencia, la tolerancia al estrés y la flexibilidad" (Zahidi, 2020). Es decir, el tipo de empleos del futuro requerirán competencias muy particulares.

A continuación, se presentan dos tablas de datos que en su artículo proporciona la autora, esperando sean de interés y beneficio para el lector:

Figura 1. Tablas de "Los empleos del mañana", Zahidi, 2020

TRABAJOS Y OPORTUNIDADES DEL FUTURO

Unos llegan y otros se van

La demanda de algunos trabajos aumentará en los próximos cinco años, mientras que se reducirá en otros casos.

	Demanda al alza		Demanda a la baja
1	Científicos y analistas de datos	1	Empleados de ingreso de datos
2	Especialistas en IA y aprendizaje automático	2	Secretarios administrativos y ejecutivos
3	Especialistas en macrodatos	3	Empleados de contabilidad, teneduría de libros y nómina
4	Especialistas en estrategia y marketing digital	4	Contadores y auditores
5	Especialistas en automatización de procesos	5	Obreros de fábricas y cadenas de montaje
6	Profesionales de desarrollo empresarial	6	Gerentes de administración y servicios empresariales
7	Especialistas en transformación digital	7	Trabajadores de servicios de atención e información al cliente
8	Analistas de seguridad de la información	8	Gerentes generales y de operaciones
9	Desarrolladores de aplicaciones y software	9	Mecánicos y reparadores de máquinas
10	Especialistas en Internet de las cosas	10	Empleados de registro de materiales y mantenimiento de existencias
11	Gerentes de proyectos	11	Analistas financieros
12	Gerentes de administración y servicios empresariales	12	Empleados de servicios postales
13	Profesionales en redes y bases de datos	13	Representantes de ventas, venta mayorista y manufacturera, productos técnicos y científicos
14	Ingenieros de robótica	14	Gerentes de relaciones
15	Asesores estratégicos	15	Cajeros de banca y empleados conexos
16	Analistas de gestión y organización	16	Vendedores ambulantes, de periódicos y de venta a domicilio
17	Ingenieros de tecnofinanzas	17	Instaladores y reparadores de sistemas electrónicos y de comunicaciones
18	Mecánicos y reparadores de máquinas	18	Especialistas en recursos humanos
19	Especialistas en desarrollo organizacional	19	Especialistas en capacitación y desarrollo
20	Especialistas en gestión de riesgos	20	Obreros de la construcción

Fuente: Zahidi, S. (2020). Los empleos del mañana. El mundo se enfrenta a una doble perturbación que hará que algunos trabajos desaparezcan y surjan otros nuevos. *Finanzas y desarrollo, 57*(4), 26-27. https://www.imf.org/external/pubs/ft/fandd/spa/2020/12/pdf/WEF-future-of-jobs-report-2020-zahidi.pdf

El reto claramente no se podrá enfrentar sin la combinación de esfuerzos y capacidades de los principales actores (sectores privado, educativo y público), ya que las empresas por un lado buscarían los mayores beneficios incluso a costa de sacrificar empleos actuales en beneficio de la introducción de IA; el sector educativo, tanto público como privado, por su parte deberá estar atento a lo que en términos de capital humano el mercado demande para las futuras generaciones y prepararles con las competencias requeridas; por último, el sector público, deberá acompañar y apoyar a los sectores anteriores, ya sea como los ejemplos citados de Europa, legislando lo necesario e incentivando para que sus actores compañeros puedan homologar esfuerzos y que el beneficio llegue a todos.

Referencias

Artículos, capítulos y libros

Alonso, M. M. (2019). Robots, inteligencia artificial y realidad virtual: Una aproximación en el sector del turismo. *Cuadernos de Turismo*, 44, 13-26. doi: 10.6018/turismo.44.404711

Ávila, H. A., Olmos, D., Quispe, G. y Díaz, L. P. (2022). Talento humano en la cuarta revolución industrial. *Revista Venezolana de Gerencia*, *27*(97), 161-169. doi: 10.52080/rvgluz.27.97.11

Barrios, H., Díaz, V. y Guerra, Y. (2020). Subjectivities and artificial intelligence: Challenges for the 'human'. *Veritas*, (47), 81-107. doi: 10.4067/S0718-92732020000300081

Bikse, V., Grinevica, L., Rivza, B. y Rivza, P. (2022). Consequences and Challenges of the Fourth Industrial Revolution and the Impact on the Development of Employability Skills. *Sustainability*, *14*(12), 6970. doi: 10.3390/su14126970

Fernández, F. R. (2021). Inteligencia artificial en la relación médico-paciente: Algunas cuestiones y propuestas de mejora. *Revista Chilena de Derecho y Tecnología*, *10*(1), 329-351. doi: 10.5354/0719-2584.2021.60931

Galeano-Arias, L. F., Aguirre, S. G. y Castrillón-Gómez, O. D. (2021). Wine quality analysis through artificial intelligence techniques. *Información tecnológica*, *32*(1), 17-26. doi: 10.4067/S0718-07642021000100017

Monasterio, A. M. (2021). Inteligencia artificial para el bien común (AI4SG): IA y los Objetivos de Desarrollo Sostenible. *Arbor*, *197*(802), a629-a629. doi: 10.3989/arbor.2021.802007

Murcia, F. J. M., Antón, R. R. y Rubio, L. M. C. (2022). Análisis comparado de la calidad de crónicas deportivas elaboradas por inteligencia artificial y periodistas: Aplicación de la inteligencia artificial en comunicación. *Revista Latina de Comunicación Social*, *80*, 91-111. doi: 10.4185/RLCS-2022-1553

Ramón, F. (2021). Inteligencia artificial en la relación médico-paciente: Algunas cuestiones y propuestas de mejora. *Revista chilena de derecho y tecnología*, *10*(1). doi: 10.5354/0719-2584.2021.60931

Rangel, C. (2022). Inteligencia artificial como aliada en la supervisión de contenidos comerciales perjudiciales para menores en Internet. *Revista Mediterránea de Comunicación*, *13*(1), 17-30. doi: 10.14198/MEDCOM.20749

Reis, J., Melão, N., Salvadorinho, J., Soares, B. y Rosete, A. (2020). Service robots in the hospitality industry: The case of Henn-na hotel, Japan. *Technology in Society*, *63*, 101423. doi: 10.1016/j.techsoc.2020.101423

Sánchez-Urán, M. Y. (2021). Robótica Inclusiva: Rendimiento económico y empleo. *Arbor*, *197*(802), a626-a626. doi: 10.3989/arbor.2021.802004

Zahidi, S. (2020). Los empleos del mañana. El mundo se enfrenta a una doble perturbación que hará que algunos trabajos desaparezcan y surjan otros nuevos. *Finanzas y desarrollo*, *57*(4), 26-27. https://www.imf.org/external/pubs/ft/fandd/spa/2020/12/pdf/WEF-future-of-jobs-report-2020-zahidi.pdf

Recursos electrónicos

Computing Technology Industry Association (CompTIA). (2023). About Us. *CompTIA*. http://connect.comptia.org/about-us

Equipo Ledlv. (2019, febrero 7). Empleabilidad: Qué es y por qué debe preocuparte. *La Era de los Valientes*. https://www.laeradelosvalientes.com/que-es-empleabilidad-definicion/

Ginger Jabbour. (2022, julio 11). ¿Es verdad que la Inteligencia Artificial eliminará empleos? *Expansión*. https://expansion.mx/tecnologia/2022/07/11/es-verdad-que-la-inteligencia-artificial-eliminara-empleos?utm_source=echRoom&utm_campaign=facefad99d-EMAIL_CAMPAIGN_2022_02_15_04_30_COPY_01&utm_medium=email&utm_term=0_568c95f15f-facefad99d-111951449

H.I.S. Hotel Holdings (2023). *Henn na Hotel* Tokyo Ginza. *Henn na Hotel*. https://www.hennnahotel.com/ginza/en/

International Monetary Fund. (2023). Página web oficial. *IMF.org*. https://www.imf.org/en/Home

Istmo. (2022). *Revista Istmo*, 38, junio-julio. https://www.istmo.mx/istmo-review-junio-julio-2022/

Real Academia Española (RAE). (2023). Definición de "inteligencia artificial". *Diccionario de la lengua española*. https://dle.rae.es/inteligencia?m=form#-2DxmhCT

Wikipedia. (2023). Inteligencia artificial. *Wikipedia.org*. https://es.wikipedia.org/wiki/Inteligencia_artificial

EL USO DE INTELIGENCIA ARTIFICIAL EN LOS NEGOCIOS

Alejandra Hernández Garzón
Universidad Panamericana

Resumen

El manejo de la gran cantidad de datos en los negocios convierte la inteligencia artificial y la inteligencia de los negocios en la combinación perfecta para definir las tendencias del mercado y crear estrategias. Al momento de mecanizar tareas que se hacen de forma manual puedes eficientar los tiempos y aprovechar los recursos al máximo.

Entendamos que el uso de la IA dentro de las organizaciones puede marcar la diferencia en el campo de los negocios, ya que logras que los clientes con los que cuentas al momento ingresen a un proceso donde identificas las características esenciales del mercado meta y aplicas las estrategias generadas a partir del puente creado entre la inteligencia artificial y la inteligencia de negocios.

Si la inteligencia artificial es todo aquello creado a partir de la imitación de la función cognitiva humana y le sumamos todo lo relacionado con la historia del mercado, la historia de nuestros clientes y la historia de nuestros propios datos entonces el resultado será positivo para la toma de decisiones en tiempo real, la cual será de forma estructurada y así se logrará disminuir la incertidumbre y los riegos empresariales.

Palabras clave: datos, información, big data, IA + BI, efectividad, estrategia, IoT, BD.

Introducción

Dentro de las organizaciones actuales la toma de decisiones en tiempo real y basada en datos y conocimiento de la misma es fundamental. Es importante entender que el apoyo dentro de este proceso es importante, ya que no solo recae en el grupo directivo de la organización, si no que el trabajo, el conocimiento y el apoyo en diferentes herramientas dentro de las unidades de negocio ayuda a que la Toma de Decisiones sea efectiva y apegada a la realidad del entorno empresarial.

Hoy en día se confunde el término "datos" con el término de "información" y es importante definir la diferencia entre uno y otro, ya que los datos son: "Cifra, letra o palabra que se suministra a la computadora como entrada y la máquina almacena en un determinado formato" (Oxford Languages, 2023) al mismo tiempo los datos son aquellas variables cuantitativas o cualitativas que al analizarlos y hacer un proceso de ETL (extracción-transformación-carga) en este momento es cuando los utilizamos para convertirlos en información para la toma de decisiones en cualquier ámbito.

Los datos pueden definirse a través de ciertas características relacionados con las personas, con las cosas o con las transacciones, algunos ejemplos de lo anterior son: cantidades, tamaños, volumen, entre otros. Lo que debemos conocer es que los datos son el elemento principal y son en bruto; son como una piedra natural a punto de convertirse en una piedra preciosa y muy valiosa para definir objetivos, indicadores claves o estrategias que se llevan a cabo para la mejor resolución de un problema.

No se puede dejar a un lado que la calidad y veracidad de los datos es fundamental para esta conversión y que al momento de comprobar estos por sí solos podemos observar que se pueden obtener de diferentes fuentes. Estos datos son los que alimentan todos los sistemas y son quienes dan una estructura para el análisis y creación de diferente modelos científicos o algoritmos que ayudan a identificar tendencias, patrones y estadísticas, es por eso que muchas veces en diferentes tiendas físicas o en línea podemos encontrar algunos tipos de encuestas de satisfacción al cliente para conocer la opinión acerca de tu producto y/o servicio. Pueden ser algo genéricos o pueden ser críticos al momento de la toma de decisiones.

Calidad y cantidad

El tema de la calidad de los datos puede resultar muy amplio, pero al mismo tiempo puede resultar muy apasionante. Se puede conceptualizar el tema como el proceso, la técnica o el algoritmo que una organización puede aplicar de forma organizada, completa, precisa, actualizada, consistente y única –sobre todo confiable–, que te permite que la toma de decisiones sea basada en la veracidad de los datos y de la información que se obtuvo de tu sistema principal.

La intención principal de la calidad de los datos es gestionar la información con la finalidad que los interesados puedan tomar decisiones confiando en la representación de los datos que están y se extraen de los sistemas internos de la organización. La disposición de esta es fundamental para las acciones realizadas. Es necesario recordar que los datos son el primer paso y que por sí solos no dicen nada, lo que importa es el procesamiento de estos para poder convertirlos en información.

Muchas cabezas piensan mejor que una

Durante años hemos escuchado en repetidas ocasiones esta famosa frase; y es que la colaboración y el apoyo que se da en el mundo empresarial es crítico para el funcionamiento de la empresa, hay diferentes ideas y conocimientos dentro de la operación que ayuda a que las decisiones sean colaborativas, y es que esto depende mucho de la naturaleza y visión directiva que se lleva a cabo en la actualidad.

Actualmente el proceso de digitalización, el crecimiento de los datos y la necesidad de respuesta rápida son hechos que ayudan a determinar que la visualización de datos, el proceso de extracción, transformación y carga (ETL), la analítica y comprensión de los mismos ha llevado a que nos forcemos a tener una mayor comprensión en el mundo de los negocios. La inteligencia artificial y la inteligencia de negocios están completamente compaginadas.

Primeramente, debemos entender que la Inteligencia artificial es:

> La IA es un campo científico de la Informática en el que, mediante la combinación de algoritmos, se crean programas y mecanismos que pretenden simular la inteligencia y los comportamientos propios del ser humano. (SAP España, 2020)

Mientras que la inteligencia de negocios es aquello que engloba las estrategias, los datos, múltiples tecnologías y arquitecturas que se complementan para analizar los hechos.

Para lograr esto se requiere de ciertos pasos para llevar a cabo el complemento que se menciona:

1. Análisis de la situación actual de la empresa tomando en cuenta el pasado;
2. Definir qué situación futura se desea lograr;
3. Puntualizar que rumbo va a tomar la situación actual en relación con la situación futura, y
4. Tomar acciones necesarias para lograr el objetivo que se planteó de inicio.

Gracias a las definiciones mencionadas podemos decir que el uso de la inteligencia artificial, la creación infinita de datos y los problemas complejos de la organización nos ayuda que a través de algoritmos ajustados a la medida te ayuden a tomar decisiones en tiempo real de manera efectiva y eficiente.

Claramente la inteligencia artificial se deriva de la creación de datos masivos, lo cual se logra mediante las diferentes transacciones diarias que se llevan a cabo dentro de las empresas, por ejemplo: clientes, proveedores, movimientos financieros, operaciones, entre otras. La creación masiva de los datos es conocido actualmente como la *big data* y gracias a esto entonces las máquinas pueden procesar una gran cantidad de datos, aprender de ellos, crear un algoritmo y tomar acciones basadas en el comportamiento, lo cual es un proceso:

Figura 1

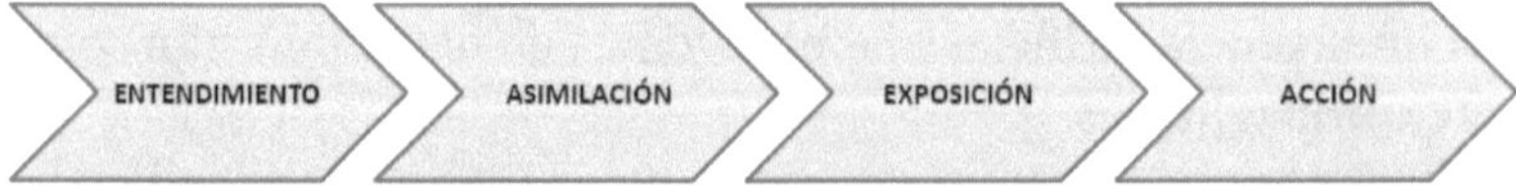

Fuente: elaboración propia.

- Entendimiento: identificas el contexto.
- Asimilación: observas de manera óptima.
- Exposición: das a conocer los datos.
- Acción: respuesta correcta de la suma E + A + E.

Hoy por hoy vivimos en un mundo en donde tomamos acciones naturales y automáticas, pero ¿qué tan conscientes somos al tomar nuestras decisiones? En el mundo empresarial ya existen diferentes áreas que realizan este proceso como la medicina, el mundo financiero, las ventas, el marketing, la seguridad; y es que muchas veces nos preguntamos cómo es que nuestros dispositivos detectan lo que necesitamos y queremos, o porque de repente visualizamos anuncios sobre lo que hemos pensado que nos gustaría. Y es que todo esto está altamente relacionado.

La información es la que reina

La inteligencia de negocios no es nueva, se ha dado a notar de diferentes formas, lo importante en la actualidad es contar con la información correcta, crear una ventaja competitiva y entender que, en este nuevo mundo, la información es la que reina.

Y es justo entender que, hay prácticas que existen desde hace mucho tiempo, pero que hoy por hoy tienen un nombre. La inteligencia de negocios efectivamente no es nueva, fue referida desde 1958 por un alemán "Hans Peter Luhn", quien colaboraba en ese momento dentro de IBM (Viewnext, 2023), por otro lado, se puede pensar que el término que es nuevo es la inteligencia artificial, pero podemos observar que igual que el BI fue definido desde hace muchos años igualmente por esta gran empresa.

En la actualidad estos términos se necesitan y se mantienen dentro del funcionamiento de la compañía, ya que se busca tomar decisiones de manera efectiva y hoy por hoy gracias a la creación de datos de forma masiva se puede lograr una toma de decisiones efectiva (TDE).

Sé un líder efectivo

Te has preguntado ¿qué hay detrás de los equipos de trabajo? ¿Qué hay detrás de los datos de las personas que trabajan contigo? ¿Qué hay detrás de la toma de decisiones?, y es que esta es una pregunta que constantemente como directivo deberían de plantearse, ya que para conseguir las estrategias que antes mencionamos en las diferentes unidades de negocio de la organización es importante identificar a los equipos de trabajo. Los grupos efectivos dentro de la organización dependen de la selección de estos mismos.

¿Qué tiene que ver los grupos efectivos con los datos? En la rama de recursos humanos de la organización se pueden detallar las personalidades para lograr un grupo efectivo. Actualmente cuesta ver el impacto que esto tienen en la productividad de las actividades que conforman los engranes de la empresa; por esto, es importante evaluar quienes son las personas y al mismo tiempo los perfiles de estas que nos ayudan a que la cadena de la organización no pare, que sea efectiva, eficiente, productiva; lo más importante, que ellos a través del trabajo encuentren una motivación.

Si a partir de hoy los directivos evaluaran los datos que los colaboradores otorgan dentro de la gestión de los recursos humanos de las organizaciones entonces se pudiera lograr identificar las aportaciones de cada uno de los que colaboran dentro de la empresa. Esto se especifica porque se puede lograr una misma visión desde cada una de las trincheras de la compañía.

Hoy por hoy los líderes empresariales por diferentes certificaciones internacionales, nacionales o regionales buscan hacer evaluaciones a sus colaboradores para saber qué visión tienen de la empresa en donde trabajan, que ambiente laboral viven todos los días, que percepción tienen de sus compañeros de trabajo o de sus líderes y es que estos tienen en mente los siguientes cuestionamientos: ¿quiénes son? ¿Cuáles son sus motivantes? ¿Cuál es su personalidad? ¿Qué están pensando? Y desde la dirección es necesario hacernos preguntas como: ¿qué no estoy viendo? ¿Quiénes colaboran conmigo? ¿Qué me hace falta como organización en mi equipo de trabajo?

Una vez aplicada la inteligencia artificial internamente de la empresa, se pueden generar algoritmos personalizados que ayudan a identificar las mejores combinaciones para la creación de esos equipos de trabajo, los cuales buscan adaptarse a los nuevos retos empresariales, a los objetivos de la organización y generar "Una misma visión". Adaptarse no es cambiar rotundamente, adaptarse es innovar dentro de las nuevas generaciones que colaboran, saber qué es lo que buscan y que es lo que les gustaría al mismo tiempo que saber qué es lo que les motiva y hacía donde quieren llegar, ¿cuáles son los objetivos a corto, mediano y largo plazo de quienes trabajan conmigo?

Como pueden identificar la inteligencia artificial no solo beneficia los objetivos planteados hacia afuera de la compañía, también puede ser muy beneficioso hacía adentro, por lo que la invitación sigue abierta a

"Cambia antes de tener que hacerlo" (Eldad, 2020), ya que si no se logra la innovación entonces el fin último de la empresa no se cumplirá.

El aprovechamiento de los recursos organizacionales y también de las herramientas tecnológicas que hoy los proveedores otorgan pueden ayudar a ese cambio positivo de esta forma el cambio se logrará de manera efectiva.

El fin no justifica los medios

Nuestros dispositivos tienen una característica fundamental y es la que nos explica fácilmente el porqué de todo esto: *internet of things* (IoT). Estás completamente conectado, los datos se conectan y se intercambian en diferentes dispositivos a la vez y los sensores que estos poseen ayudan a que todos los datos de navegación interactúen entre sí para llegar a una gran respuesta: "Te voy a promocionar los productos que de acuerdo a tu interacción son los mejores para ti".

El ejemplo anterior entra en el mundo de las ventas y el marketing, pero ¿qué pasa en otras ramas como la medicina?, si pensamos que todas las personas nos llevamos a cabo estudios para visualizar nuestra salud anualmente, entonces tenemos una gran masa de datos que al momento de juntarlos hacen una gran Base de Datos y que al momento de acumularse y de encontrar relaciones entre los mismos entonces la inteligencia artificial te ayuda a detectar patrones y lleva a dar diagnósticos más precisos, ¿por qué?, porque ya aprendió rápidamente y detecta las relaciones entre los datos.

Nos podemos olvidar del mundo actual, del día a día y de los patrones que llevamos a cabo sin darnos cuenta. ¿Has analizado la ruta que tomas todos los días al trabajo? ¿La música que escuchas dentro de una lista seleccionada por ti mismo? ¿Las compras que realizas en un tiempo determinado? ¿Lo que buscas diariamente en tu navegador predeterminado? ¿El ejercicio que realizas diariamente?, todo esto facilita el conocimiento de ti mismo, no solo a tus dispositivos sino al mundo empresarial también.

No podemos evitar pensar que estamos siendo observados o vigilados ¿no crees?; y es que hay una línea muy delgada entre lo que está bien y está mal. El rol que juegan las empresas es fundamental para lograr sus objetivos. La inteligencia artificial puede ser muy generosa y muy útil en diferentes aspectos, pero el cuidado de la integridad de los datos y de las personas es un valor fundamental para aplicarla, porque no podemos olvidar que "El fin no justifica los medios".

Money, Money, Money

Si releemos podemos pensar que la estrategia de IA requiere una gran inversión de tiempo, esfuerzo y dinero, pero el retorno de la inversión llega con el tiempo y para lograr esto es importante entrar en un apartado crítico que es la "Estrategia" y es que las empresas deben tener la flexibilidad para poder responder con rapidez a los cambios en el mercado, deben compararse continuamente contra ellos mismos y contra la competencia y de esta forma se puede lograr una mejor práctica.

Antes en la mente de los empresarios lo primero que tenía que hacer era lograr el **posicionamiento**, pero hoy en día copiar las grandes ideas es rápido y fácil, el enfoque que se tenía a la ventaja competitiva de una empresa muchas veces parece temporal por los grandes cambios que se dan en los mercados dinámicos actuales. Hoy ya no estamos en un mercado estático, las generaciones cambian, los patrones de consumo cambian, las necesidades básicas cambian, la paciencia en el tiempo de respuesta cambian, pero todo esto, si no se atiende correctamente y no se fijan metas y estrategias verdaderamente específicas, medibles, alcanzables, relevantes y con un límite de tiempo, entonces el ROI no se verá reflejado en la empresa y por el contrario cada vez más empresas llegan a una competencia mutuamente destructiva es por esto que la invitación a ser una empresa mucho más ligera, flexible y ágil está completamente abierta en la actualidad.

Las decisiones basadas en la generación de estrategias con las características ya mencionadas, con la tecnología actual, con las herramientas que el mundo nos presenta y con la agilidad que el mercado requiere llevará a que el objetivo inicial de la empresa se logre. Identificar los beneficios que tiene la inteligencia artificial dentro del mundo empresarial es muy valioso y dentro de estos beneficios podríamos enlistar los siguientes:

Fuente: elaboración propia.

Optimizar los procesos internos, simplificar el trabajo, reducir costos, tiempos y fallos humanos dentro de los sistemas, agilizar los procesos, conocer la organización son algunos de los beneficios que podemos encontrar en una aplicación correcta de la inteligencia artificial, ya que no solo ayuda a visualizar la situación externa de la empresa si no que te ayuda a visualizar la situación actual interna para poder hacer ajustes dentro de la estrategia empresarial explotando los informes y estadísticas internos lo cual da como resultado mayor control dentro de la gestión de información, automatización de algunos procesos y prevenir algunos fallos futuros.

Hacer, hacer

Hoy en día la inteligencia artificial y la inteligencia de negocios están completamente relacionadas con la estrategia y toma de decisiones de las organizaciones. Dentro de estas se busca generar nuevas estrategia, misma que se define como: "Un procedimiento dispuesto para la toma de decisiones y/o para accionar frente a un determinado escenario. Esto, buscando alcanzar uno o varios objetivos previamente definidos" (Westreicher, 2020).

Si se analiza detenidamente la definición de estrategia se puede visualizar como la IA se relaciona directamente con ella, ya que, si se define un objetivo importante para la organización y lo relacionas con la toma de decisiones, estrategia, análisis, entre otros entonces el uso de la inteligencia artificial dentro de los negocios puede hacer un círculo virtuoso: y es claro porque se puede lograr la excelencia dentro de los procesos y la toma de decisiones.

La frase "Hacer, hacer" es importante en el trabajo diario de la compañía. Y es que es fácil repetir la frase constantemente, pero poner foco a lo que verdaderamente significa es lo debidamente importante. Entender que "Hacer, hacer" es todo aquello que te corresponde y confiar en que los equipos de trabajo harán exactamente eso.

No es solo dar lo que por añadidura te dicen que debes hacer, dar un poco más dentro del "Hacer, hacer" es crucial para la toma de decisiones. Entender que cada persona que colabora en la empresa tiene talentos no es fácil, pero si se logra entonces la estrategia que generes dentro del trabajo diario puede aprovecharse al máximo.

Imagina, si cuentas con los datos, la información que obtienes después de la transformación de los datos, el uso de herramientas tecnológicas, el aprovechamiento de los sistemas internos, la creación de grupos efectivos, la creación de nuevas estrategias, el cumplimiento de los objetivos y metas definidas con anticipación y el hacer directivo diario, entonces todo lo anterior puede ayudar a que el crecimiento exponencial de la organización sea visible.

Continuidad, dinamismo e identidad en la empresa

Una vez definida la estrategia, entonces es importante no perder de vista la continuidad, el dinamismo y la identidad de la empresa para encontrar los pasos a seguir dentro de la inteligencia artificial y entender que esta es flexible y a la medida.

Se pueden hacer muchas preguntas iniciando con el que, por ejemplo: ¿qué queremos encontrar? ¿Qué queremos analizar? ¿Qué objetivo queremos alcanzar?, pero el tema no es encontrar el qué y el para qué sin el cómo y preguntarse, que de acuerdo con la estrategia de IA que se quiere aplicar, ¿cómo se va a implementar? ¿Y cómo se logrará?

La globalización es total, la tecnología evoluciona rápidamente y se necesitan la mayor cantidad de ventajas competitivas, es por ello que se requiere que los empresarios y directivos se esfuercen en conocer cómo influyen e interactúan internamente los procesos empresariales, cómo funciona la colaboración, flujos y procesos de la "red de empresas" y la "red de clientes", y como las inversiones tecnológicas pueden tener un efecto positivo en: la cadena de valor/suministro, al conocimiento colectivo (interno y externo) y en el conocimiento 360° de sus clientes (López, 2017).

Toma en cuenta que todos los procesos estar interconectados entre sí y que el uso de la inteligencia artificial será una inversión para lograr que los esfuerzos dentro de estos, tengan frutos y así puedes obtener una visión empresarial integral (VEI), es necesario comprender a la compañía de esta forma, **integral**, debemos transmitir a las unidades de negocio y a los colaboradores, que el trabajo y esfuerzo que realizan son importantes para que la cadena siga funcionando. Cada participación, cada colaboración son como aceite para que los engranes funcionen de manera natural y sirve para que el proceso empresarial no se detenga.

Una misma visión, un mismo fin

Hemos hablado que la inteligencia artificial es positiva para la realización de las tareas dentro de las unidades de negocio de las organizaciones, pero si no se tiene una misma visión entonces no se logrará el mismo fin.

Hace algunos meses escuchaba a un gran consultor decir: "Es muy difícil que los integrantes que conforman las organizaciones te otorguen información y dentro de la consultoría que yo realizó es básico conocer cada punto importante para que esta sea efectiva", y sí, es lo más importante, porque el **conocimiento** de la organización genera **experiencia** y esta se consigue a partir del trabajo especializado de los colaboradores, son ellos los que ayudan a lograr ese mismo fin, pero no sin antes comunicar la estrategia de IA que se quiere implementar es por esto que:

> Los diagnósticos y los planes de acciones para llevar a buen puerto las situaciones futuras, se deben de hacer antes de que sea tarde y no haya tiempo para reaccionar. Para pasar a la situación futura (decisiones estratégicas, cambios en la organización, implantación de un CRM, de un ERP, inversiones en IT, implantación de las mejores prácticas, estrategias de social media, etc.) hay que saber cómo hacerlo, rodearse de las personas adecuadas y tener unas buenas habilidades directivas. No todas las empresas se gestionan de la misma forma, no todas las implantaciones

de proyectos se realizan de la misma forma, y las acciones de implantación deben ser globales y locales al mismo tiempo. (López, 2017)

Desde el momento de la concepción de un proyecto empresarial es crítico definir cuáles son los objetivos a corto, mediano y largo plazo de la organización y esto ayudará a que la intención de continuidad, dinamismo e identidad se logren. Es momento de reconocer que la visión de la compañía está altamente relacionada con estos objetivos y por supuesto simpatizar con que estos pueden ser flexibles; una vez que se analiza, se evalúa y se monitorea el cumplimiento de estos, entonces puedes corregir el rumbo.

Perdurar en el tiempo

Mencionamos que la adaptación actual de las empresas es fundamental para la continuidad de las mismas, ya que estamos inmersos en un mundo cambiante, pero hay una definición –con la cual me he casado y es mi opinión personal–, es que el fin último de la organización es perdurar en el tiempo, no es tener las mejores ventas, no es tener a los mejores empleados, no es tener a genios en la mesa directiva, no es hacer el mejor producto, porque si la intención empresarial es efímera, entonces el listado anterior también será efímero.

Si la intención empresarial es conseguir perdurar en el tiempo, entonces los colaboradores y genios, las ventas, las personas, los productos, la operación, las finanzas se dan por añadidura; para lograr esto, la actualización es fundamental. La característica de la adaptación es básica en el siglo XXI y la identificación de posibilidades y herramientas para lograrlo es aún más.

Responder a cómo poder conseguir y compatibilizar agilidad, flexibilidad, productividad, conocimiento colectivo y desarrollo de los colaboradores es un reto actual, el cual es necesario resolver, pero identificar las herramientas de apoyo con las que se cuentan en la actualidad es un reto mucho mayor, esto es el meollo del asunto, porque hoy por hoy la ruptura de barreras y fronteras, una reducción de ventajas competitivas y la gran oferta de productos nubla la visión estratégica.

Las decisiones en las empresas son de gran utilidad porque cada día se deben de tomar nuevas como el buscar nuevas metodologías para lograr los resultados. Por tal motivo una decisión debe ser orientada a cumplir un objetivo y que además mantener la armonía dentro de la empresa. Una decisión dentro de una empresa, debemos de tener en cuenta qué, no cualquier persona o puesto puede decidir o tener la última palabra. Se les da prioridad a los gerentes por tener un mayor criterio sobre experiencias pasadas y por lo tanto pueden saber responder a los nuevos retos o cambios que tendrá la organización (Flores, 2023).

La inteligencia artificial no tiene como fin dominar el mundo entero; ayuda a que la complejidad y la seguridad sea de menor preocupación, busca que la competitividad sea impulsada por una estrategia actualizada y que se logre una compaginación de la misma con el *big data,* la inteligencia de negocios, la capacidad de análisis, la generación de estrategia y la resolución de problemas. Estas características son las que hoy el mundo empresarial requiere, necesita y solicita. El conocimiento del mercado y el conocimiento interno de la organización es parte de implementar un buen "uso de la inteligencia artificial en los negocios".

Referencias

Artículos, capítulos y libros

López, M. (2017). CRM y *Business Intelligence, Introducción. Integración con la Supply Chain.* OBS Business School–Universitat de Barcelona.

Recursos electrónicos

Eldad, K. (2020). *Change with Enthusiasm* [Archivo PDF]. https://taskray.com/wp-content/webinars/_Change%20with%20Ehthusiasm%20Worksheet_TaskRay.pdf

Flores, L. M. (2023). Sistema de soporte de decisiones DSS. *Gestiopolis.* https://www.gestiopolis.com/sistema-soporte-decisiones-dss/

Oxford Languages. (2023). Definición de "dato". https://www.google.com/search?q=que+son+los+datos&rlz=1C1GCEU_esMX992MX997&oq=que+son+los+datos&aqs=chrome.0.0i512l4j69i64l3j69i60.2032j0j7&sourceid=chrome&ie=UTF-8

SAP España. (2020). ¿Qué es la inteligencia artificial y cómo funciona? *News SAP.* https://news.sap.com/spain/2020/11/que-es-la-inteligencia-artificial-y-como-funciona/?amp=1&gclid=CjoKCQjw9ZGYBhCEARIsAEUXITVrWjS2RhszczXtgdBJoSjlFKwueSeNT4_4FbAy1xCnrFJs991emCYaAm47EALw_wcB&gclsrc=aw.ds

Viewnext. (2023). Historia y evolución de la analítica de negocio. *Viewnext.* https://www.viewnext.com/historia-y-evolucion-de-la-analitica-de-negocio/

Westreicher, G. (2020). Definición de "estrategia". *Economipedia.* https://economipedia.com/definiciones/estrategia.html

BENEFICIOS DE LA INVERSIÓN EN INTELIGENCIA ARTIFICIAL EN ALGUNOS SECTORES ECONÓMICOS EN MÉXICO

Carlos Jiménez Zepeda
Israel Macías López
Universidad Panamericana

Resumen

El presente capítulo es un estudio de los beneficios potenciales esperados de invertir en proyectos de inteligencia artificial (IA) en el sector financiero, la industria del transporte, la industria alimenticia y la industria del *retail* en México. Usando como base los resultados de los últimos 5 años en esas mismas industrias en los Estados Unidos, país con el liderazgo mundial en la inversión en IA. Los resultados en los Estados Unidos sirvieron de base para la proyección de lo que podría esperarse en estos sectores en México. Si bien los resultados no son concluyentes, la evidencia muestra que para los rubros de ingresos, empleo y costos, los beneficios potenciales calculados para México son significativos. Lo que nos anticipa esperar que las inversiones en dicha tecnología no solo no dejarán de aumentar, sino que se volverán dominantes en los años próximos.

Palabras clave: inteligencia artificial, inversión, economía, industria.

Introducción[1]

Ya no se requiere un presupuesto multimillonario
para que la IA funcione en su empresa.
Representa una oportunidad para nivelar
el campo de juego para las empresas más pequeñas.
Nichole Jordan

Desde tiempos inmemorables el ser humano ha añorado dejar de lado el trabajo y poder dedicarse a otro tipo de actividades. Hoy en día nos encontramos muy cerca de lograr este objetivo, este es el sueño ideal de los tecnoutopistas[2], mientras que es una pesadilla para los pesimistas.

Esto se debe a los grandes avances en el campo de la inteligencia artificial (IA) que engloba al *machine learning* (ML) y al *deep learning* (DL), con aplicaciones desarrolladas para la empresa.

En este capítulo presentamos algunas industrias en los Estados Unidos que están haciendo importantes inversiones en IA y mostraremos los resultados de su desempeño económico y financiero; posteriormente las comparamos con industrias equivalentes en México para proyectar el potencial que tienen estas tecnologías en estos sectores en México.

Según Oracle términos como inteligencia artificial, *machine learning* y *deep learning* debemos conceptualizarlos como una *matrioshka*[3]. Gracias a que tanto el ML como el DL son IA y el DL es una rama del ML (Oracle, 2021). De acuerdo con el Parlamento Europeo:

> [...] la inteligencia artificial es la habilidad de una máquina de presentar las mismas capacidades que los seres humanos, como el razonamiento, el aprendizaje, la creatividad y la capacidad de planear. (Parlamento Europeo, 2021)

---

[1] Agradecemos la ayuda y orientación que nos otorgó el Dr. Leonardo Suárez Romero, sin su guía este capítulo no habría sido posible. Por supuesto, todos los errores remanentes en el documento son únicamente responsabilidad de los autores.

[2] Persona que cuenta con la creencia de que los avances en la ciencia y tecnología conducirá al mundo a una utopía, o al menos ayudarán a cumplir algún ideal utópico (Sensagent, 2015).

[3] Se trata de una muñeca de madera, con colores llamativos que presenta una singular característica: cada figurita es hueca por dentro y en su interior se encuentran una serie de muñecas de menor tamaño. Así, su originalidad consiste en que cada figura femenina lleva su propia "hija" en su interior (Navarro, 2019).

Como parte de la IA tenemos el ML:

> [...] que es capaz de reproducir un comportamiento utilizando algoritmos, que a su vez son alimentados por una gran cantidad de datos. Ante muchas situaciones, el algoritmo aprende qué decisión adoptar y crea entonces un modelo. La máquina puede automatizar tareas según la situación. (Oracle, 2021)

Por otro lado el DL:

> [...] intentará comprender los conceptos con mayor precisión, analizando los datos a un alto nivel de abstracción. A través de la comprensión no lineal muy similar al cerebro humano. Una red neuronal que combina capas sucesivas de datos para aprender los conceptos. (Oracle, 2021)

En otras palabras la IA es un conjunto de algoritmos[4] que realizan determinadas tareas con base a cierta experiencia obtenida por medio del análisis de datos. Lo que diferencia al ML del DL es la forma en que se obtiene la experiencia, en el ML debe haber alguien ayudando a la IA a comprender lo que está haciendo, mientras que en el DL la propia IA termina comprendiendo esto de forma automática y sin supervisión.

La selección de las industrias

Darle la espalda a la tecnología es darle la espalda al progreso.
Y, darle la espalda al progreso es darle la espalda al futuro.
Anónimo

Seleccionamos industrias relevantes para México y que presentan un alto grado de independencia respecto a sus contrapartes norteamericanas. Es decir, sectores en los que las empresas mexicanas no dependan de sus pares en los Estados Unidos.

Para esto seleccionamos cuatro sectores:

---

[4] Conjunto ordenado y finito de operaciones que permite hallar la solución de un problema (RAE, 2021).

a. El sector de los servicios financieros.
b. La industria del *retail.*
c. La industria del transporte y almacenamiento.
d. La industria de los alimentos y bebidas.

Servicios financieros

De acuerdo con el Instituto Nacional de Estadística y Geografía (Inegi) en el primer trimestre de 2022, los servicios financieros y de seguros representaron el 3.9 % del PIB (Inegi, 2022).

Figura 1. Estructura porcentual del PIB del primer trimestre de 2022 en México

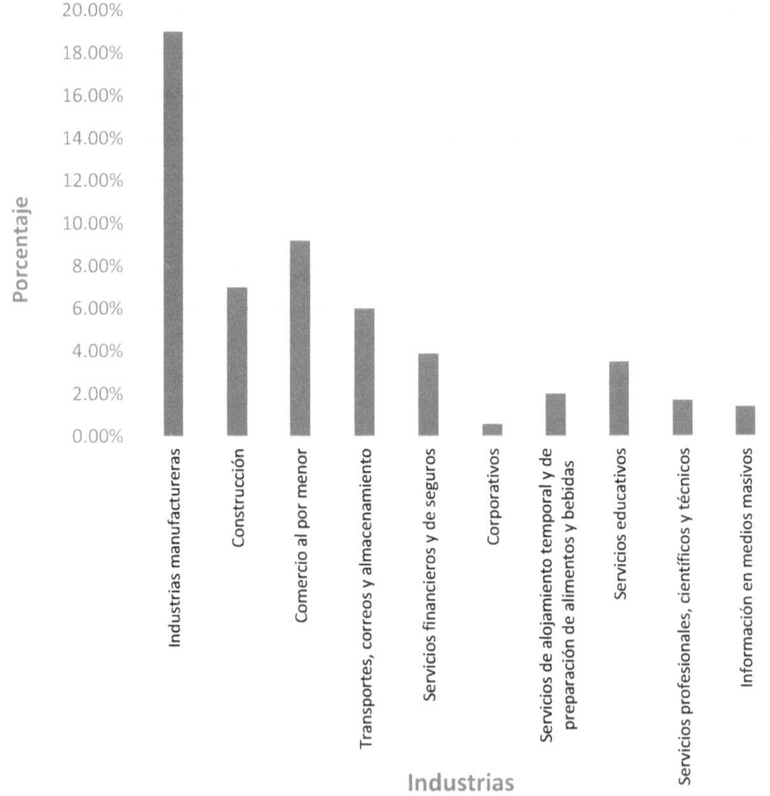

Fuente: elaboración propia con datos de Inegi. (2022). PIB por actividad económica. *Inegi.org.* https://www.inegi.org.mx/temas/pib/#Informacion_general

En nuestro país existe una gran industria financiera, quienes han tenido la fortuna de visitar la capital de nuestro país, habrán podido admirar en la avenida más importante de México a un conjunto de grupos financieros peleándose por tener el edificio corporativo más grande, como un reflejo de su poderío económico en México.

La lA será crucial en la industria financiera en los próximos años. Si las empresas del sector en nuestro país no invierten en este tipo de tecnología, en poco tiempo el poderío que muestran en la Av. Reforma se va a desvanecer debido a un simple *bot*[5] creado en los Estados Unidos o China.

Cierto que existen grandes grupos financieros en México como Citibanamex con una mayoría de capital extranjero, sin embargo, aún existen bancos nacionales y que son muy importantes para la industria como Banco Azteca, con más de 7,000 puntos de contacto en Latinoamérica (Banco Azteca, 2020).

En la siguiente gráfica se muestra la cuota de mercado en el sector financiero en México en el tercer trimestre de 2021.

Figura 2. Cuota de mercado del sector financiero en México

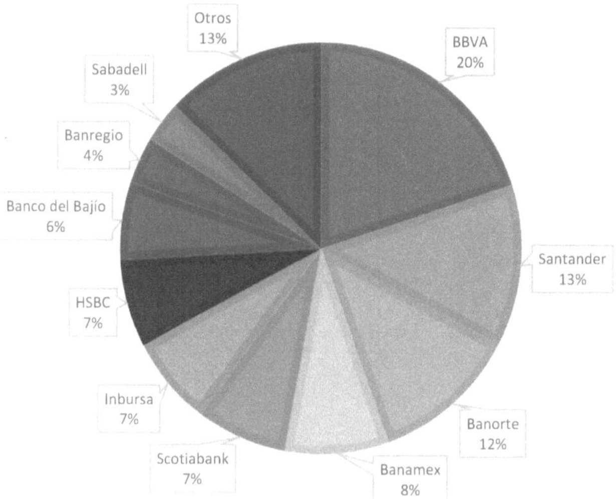

Fuente: elaboración propia con datos de Deloitte. (2021). *La banca mexicana en números. Tercer trimestre de 2021* [Archivo PDF]. https://www2.deloitte.com/content/dam/Deloitte/mx/Documents/financial-services/2021/Banca_Mexicana_3er_trimestre-2021.pdf

---

5 Un *bot es un programa informático que realiza tareas automáticas y repetitivas en internet (Peiró, 2020).*

Retail

De acuerdo con información del Inegi en el primer trimestre de 2022 el *retail* representó un 9.2 % del PIB, esta es una industria que aportó casi una décima parte del PIB de nuestro país, y la tercera más importante de México (Inegi, 2022).

En México existen grandes representantes de esta industria como Oxxo, una de las empresas de *retail* más importantes a nivel nacional e internacional ya que cuentan con más de 17,400 tiendas solo en México, emplean a más de 150 mil personas y atiende a más de 13 millones de clientes diarios, también tenemos a otros grupos como Soriana y Bodega Aurrerá (Oxxo, 2020).

En la siguiente gráfica podemos observar la cuota de mercado del *retail* en México en 2021:

Figura 3. Cuota de mercado del *retail en México*

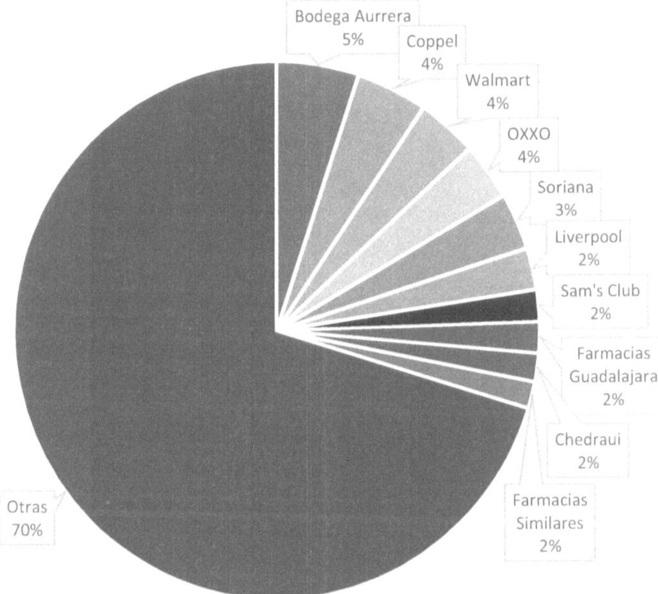

Fuente: elaboración propia con datos de Euromonitor. (2022). Brand Shares. *Euromonitor.up.* https://euromonitor.up.elogim.com/portal/statisticsevolution/index

Transportes y almacenamiento

De acuerdo con información del Inegi en el primer trimestre de 2022 los servicios de transporte y almacenamiento representaron un 6.0 % del PIB (Inegi, 2022). Algunos representantes relevantes de la industria son Alianza Trayecto, Traxión, Grupo Estafeta, Grupo TUM, etcétera.

Las aplicaciones de la AI en esta industria son evidentes y su potencial es enorme, las innovaciones en este campo tocan a toda la cadena de suministro y entrega al cliente, un ejemplo es Amazon (Greene, 2020).

En la siguiente gráfica se muestran los principales grupos en el sector del transporte terrestre en México en 2019:

Figura 4. Jugadores principales en el sector
de carga terrestre, 2019 (número de unidades)

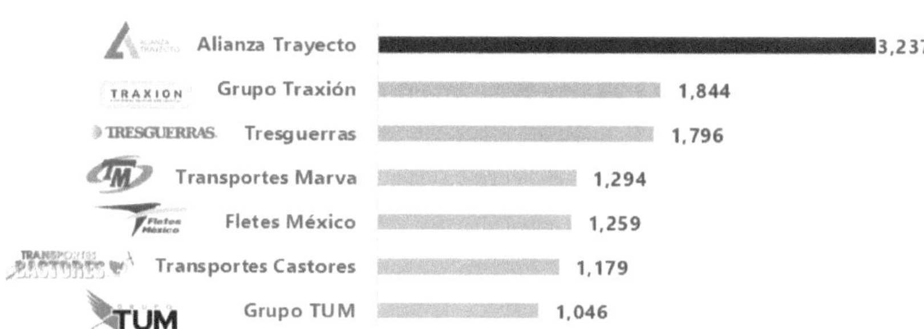

Fuente: M&A México. (2020). Logistics & Transportation. Mnamexico.com. http://mnamexico.com/ma_industria/logistica-y-transporte/

Alimentos y bebidas

De acuerdo con información del Inegi en el primer trimestre de 2022 la preparación de alimentos y bebidas representó el 2.0 % del PIB (Inegi, 2022).

La industria de alimentos y bebidas en México es importante, según la Secretaría de Economía en el último trimestre de 2021, 2.15 millones de mexicanos fueron empleados en el sector (Secretaría de Economía, 2022b). Empresas como Bimbo, Grupo Lala, La Costeña, Herdez, Yakult y Grupo Peñafiel.

En la siguiente gráfica podemos observar la participación de mercado de dichos productos en 2021:

Figura 5. Cuota de mercado de los productos diarios y alternativos en México

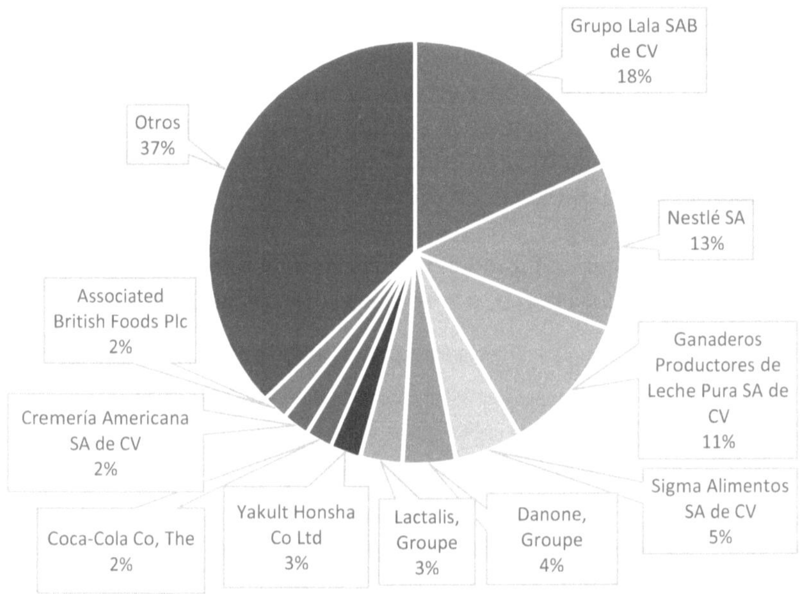

Fuente: elaboración propia con datos de Euromonitor. (2022). Brand Shares. *Euromonitor.up.* https://euromonitor.up.elogim.com/portal/statisticsevolution/index

En la siguiente gráfica podemos observar la participación del mercado en México en 2021:

Figura 6. Cuota de mercado de los aperitivos en México

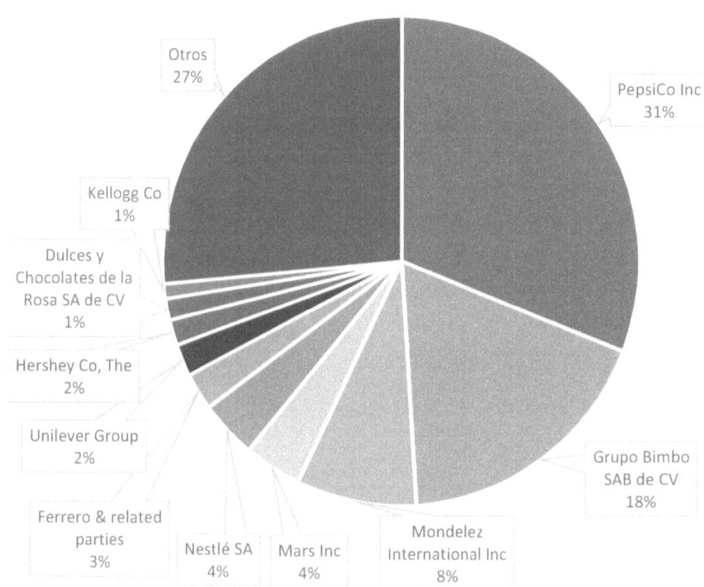

Fuente: elaboración propia con datos de Euromonitor. (2022). Brand Shares. *Euromonitor.up.* https://euromonitor.up.elogim.com/portal/statisticsevolution/index

Los sectores en los Estados Unidos, su inversión en IA y proyecciones

En esta sección presentamos el panorama de las industrias elegidas en los Estados Unidos. Su desempeño económico y financiero a partir de los datos disponibles y de sus inversiones en IA.

Para lograr lo anterior, seleccionamos 3 elementos clave para determinar el desempeño económico y financiero del sector y su inversión en IA:

a. los montos de inversión en IA;
b. los costos de operación de la industria, y
c. su comportamiento en el mercado laboral.

Estos son los criterios clave del desempeño de cada uno de los sectores en los Estados Unidos:

Resultados generales

Inversión en investigación

En la siguiente gráfica podemos apreciar los resultados conjuntos, la forma de obtener estos datos es explicada más adelante.

Figura 7. Inversión privada en inteligencia artificial
en Estados Unidos en todos los sectores

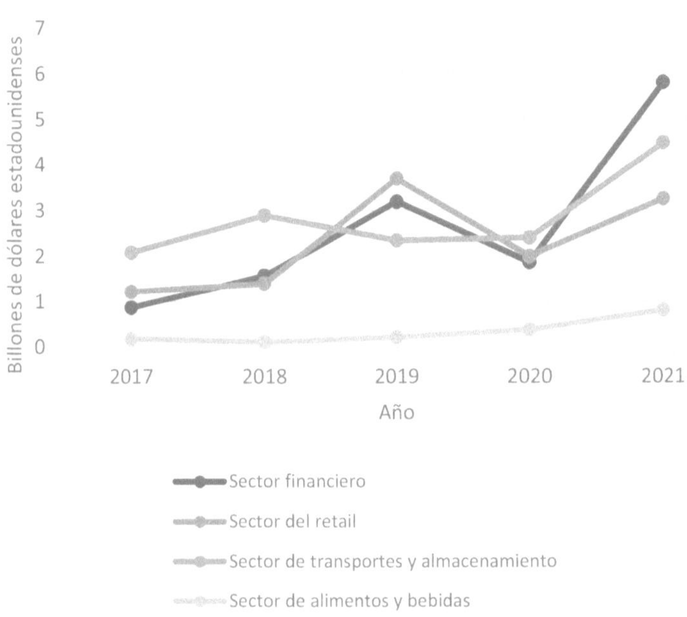

Fuente: elaboración propia con datos de Clark, J. y Perrault, R. (2022). *Artificial Intelligence Index Report 2022*. Stanford University. https://aiindex.stanford.edu/wp-content/uploads/2022/03/2022-AI-Index-Report_Master.pdf

<u>Costos</u>

En la siguiente gráfica podemos apreciar los resultados conjuntos.

Figura 8. SG&A sales ratio en todas las industrias

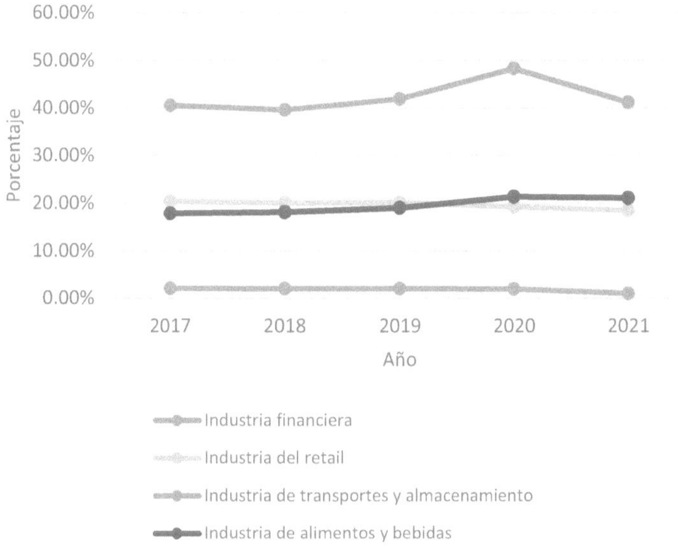

Fuente: elaboración propia con datos de Damodaran, A. (2022). Profit margins (net, operating and EBITDA). *NYU Stern.* https://www.stern.nyu.edu/%7Eadamodar/New_Home_Page/data.html

<u>Empleo</u>

En la siguiente gráfica podemos apreciar los resultados conjuntos:

Figura 9. Número de empleados a tiempo completo
y parcial en todas las industrias

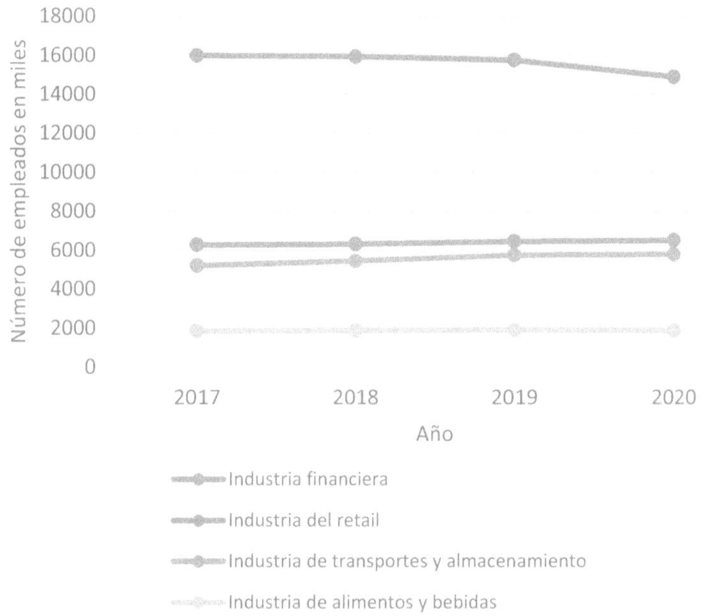

Fuente: elaboración propia con datos de Bureau of Economic Analysis (BEA). (2022). Employment by Industry. *Bea.gov.* https://www.bea.gov/data/employment/employment-by-industry

Servicios financieros

Inversión en investigación

Para obtener cifras anuales, se hizo una extrapolación de la inversión total que se hace en todo el mundo en todas las industrias que podemos ver en la siguiente tabla:

Tabla 1. Inversión privada en IA en todo el mundo en todas las industrias (en billones de dólares estadounidenses)

Año	Inversión
2017	23.09
2018	35.26
2019	42.57
2020	46.00
2021	93.54

Fuente: elaboración propia con datos de Clark, J. y Perrault, R. (2022). *Artificial Intelligence Index Report 2022*. Stanford University. https://aiindex.stanford.edu/wp-content/uploads/2022/03/2022-AI-Index-Report_Master.pdf

Y hacemos una inferencia de los datos exclusivamente para los Estados Unidos a partir de la participación de los Estados Unidos en la inversión total mundial que tenemos disponible.

Tabla 2. Inversión privada en IA en Estados Unidos en todas las industrias (billones de dólares estadounidenses)

Año	Inversión	% del total mundial
2017	11.30	48.93 %
2018	16.13	45.75 %
2019	21.65	50.85 %
2020	26.91	58.49 %
2021	52.87	56.53 %

Fuente: elaboración propia con datos de Clark, J. y Perrault, R. (2022). *Artificial Intelligence Index Report 2022*. Stanford University. https://aiindex.stanford.edu/wp-content/uploads/2022/03/2022-AI-Index-Report_Master.pdf

Por último y para este caso en específico tomamos la inversión privada en IA en todo el mundo en el sector financiero y esa inversión la multiplicamos por el porcentaje de inversión del total mundial de cada año obteniendo lo siguiente:

Tabla 3. Inversión privada en IA en todo el mundo
en el sector financiero (billones de dólares estadounidenses)

Año	Inversión	Inversión en Estados Unidos de acuerdo con su inversión total
2017	1.78	0.87
2018	3.42	1.57
2019	6.27	3.19
2020	3.18	1.86
2021	10.26	5.80

Fuente: elaboración propia con datos de Clark, J. y Perrault, R. (2022). *Artificial Intelligence Index Report 2022*. Stanford University. https://aiindex.stanford.edu/wp-content/uploads/2022/03/2022-AI-Index-Report_Master.pdf

En la tercera tabla presentamos los datos de inversión en IA por sector en los Estados Unidos.

Por parte de Estados Unidos tenemos que de acuerdo con información de Center For Data Innovation, el 4.8 % de las empresas en la industria financiera se encuentran adoptando esta tecnología, una de las cifras más altas entre todas las industrias (Omaar, 2022).

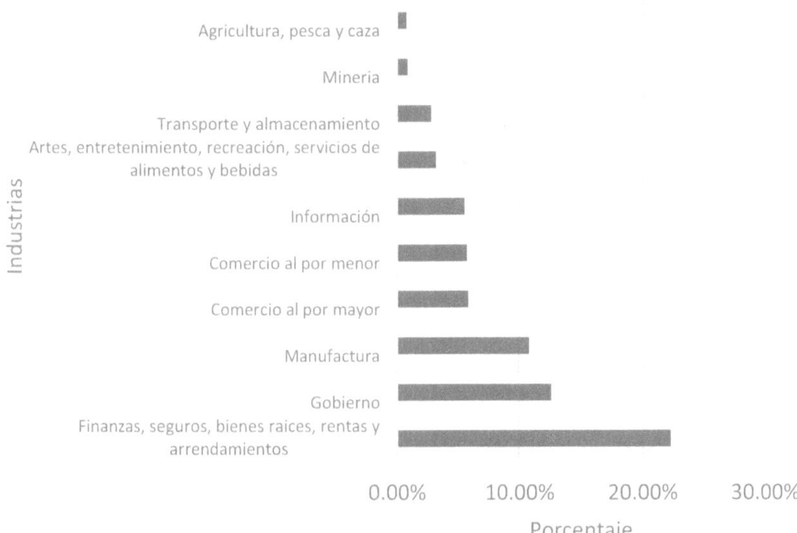

Fuente: elaboración propia con datos de Statista. (2021, junio 3). Percentage added to U.S. GDP by industry 2020. *Statista.com.* https://www.statista.com/statistics/248004/percentage-added-to-the-us-gdp-by-industry/

Costos

Para medir los costos en cada industria decidimos usar el SG&A sales ratio[6]. Gracias a que en los gastos de administración es donde se encuentran los salarios de las personas, es la forma que usamos para inferir cuánto gastan las empresas en personal.

Al igual que en la inversión podemos ver el efecto de la pandemia en la industria financiera, ya que en 2018 hubo una reducción en este ratio, para luego aumentar durante 2019 y 2020.

---

[6] La relación de gastos de venta, generales y administrativos con respecto a las ventas (a veces también llamada método de porcentaje de ventas) es lo que obtiene cuando divide sus costos totales de gastos de venta, generales y administrativos entre sus ingresos totales por ventas. Le dice qué porcentaje de cada dólar que ganó su empresa es absorbido por los costos de SG&A (Zarzycki, 2021).

Ingresos

Para la parte de ingresos debido a la falta de información detallada, usamos la tasa de crecimiento anual compuesta[7] de los últimos cinco años, que es el periodo comprendido de 2017 a 2021.

Para el caso de la industria financiera sus ingresos netos han tenido una tasa de crecimiento anual compuesta de 16.36 %, una de las tasas más altas en todas las industrias (Damodaran, 2022).

De acuerdo con datos del mismo análisis en los próximos 2 años se espera que la industria financiera crezca un 7.07 % (Damodaran, 2022).

Empleo

A pesar de la pandemia es posible ver una tendencia positiva en el crecimiento de los empleos en la industria.

Retail

Inversión en investigación

En la figura 6 se observa que debido a la pandemia las inversiones en la industria se desplomaron, sin embargo, hasta el 2021 el *retail* aún no había recuperado el nivel que tenía en 2019.

Por parte de Estados Unidos tenemos que de acuerdo con información de Center For Data Innovation solo el 2.7 % de las empresas en esta industria está invirtiendo en esta tecnología, pero dado que esta industria se encuentra altamente concentrada en gigantes como Walmart o Amazon, el impacto de estas inversiones no es menor (Omaar, 2022).

Costos

Podemos notar que a pesar de la pandemia el porcentaje de ventas que se dedica a costos y gastos de administración ha disminuido, no necesariamente como consecuencia de la inversión en IA.

---

[7] Muestra el incremento anual de una variable durante un periodo de tiempo superior a un año (Calvente, 2021).

<u>Ingresos</u>

En la industria del *retail* sus ingresos netos han tenido una tasa de crecimiento anual compuesta en los últimos cinco años de 6.26 %, un número afectado por la pandemia (Damodaran, 2022).

A pesar de lo anterior se pronostica que en los próximos dos años se considera que puede crecer hasta un 11.35 % (Damodaran, 2022).

<u>Empleo</u>

En la figura 9 observamos que la reducción en el SG&A sales ratio sí se debe en parte a la reducción de empleos en el sector. A pesar de que no podemos asegurar que la reducción en el empleo se deba a la automatización e IA.

Transportes y almacenamiento

<u>Inversión en investigación</u>

En la figura 6 muestra que la inversión en IA en este sector es importante y que volvió a crecer a partir de 2020.

El 2.6 % de las empresas en la industria de transportes y almacenamiento se encuentran adoptando esta tecnología, nuevamente con un alto grado de concentración (Omaar, 2022).

<u>Costos</u>

Lo primero y más importante aquí es que el ratio es bajo y que la tendencia es a la baja, esta industria cuenta con muchas aplicaciones evidentes de la IA en las que se puede optimizar el factor humano.

<u>Ingresos</u>

En la parte de ingresos tenemos que la tasa de crecimiento anual compuesta para esta industria en los últimos cinco años fue de 15.17 % en los ingresos netos. La principal diferencia es que en este sector se pronostica que puede haber un crecimiento de hasta el 14.10 % en los próximos dos años (Damodaran, 2022).

<u>Empleo</u>

Podemos notar una tendencia similar a la de la industria financiera.

Alimentos y bebidas

<u>Inversión en investigación</u>

En la figura 6 observamos que solo en 2018 se aprecia una reducción en la inversión, pero después vemos un crecimiento importante. Por parte de Estados Unidos el 1.9 % de las empresas en la industria de alimentos y bebidas se encuentran invirtiendo en proyectos de IA (Omaar, 2022).

<u>Costos</u>

Es claro apreciar los efectos de la pandemia, con esa tendencia en aumento del ratio, sin embargo en 2021 la tendencia comienza a invertirse.

<u>Ingresos</u>

La industria de alimentos y bebidas cuenta con una tasa de crecimiento anual compuesta de 9.71 % en los últimos cinco años en sus ingresos netos (Damodaran, 2022). Se pronostica que la industria podría llegar a crecer hasta un 6.31 % en los próximos años, por lo que hay un potencial importante de crecimiento (Damodaran, 2022).

<u>Empleo</u>

Se puede apreciar una pequeña tendencia de crecimiento. Ahora que ya tenemos un panorama general de la industria vamos a presentar algunas proyecciones hechas para las industrias pero solamente para los costos y empleos, esto se debe a que en los ingresos tenemos tasas de crecimiento anuales compuestas que usaremos como la propia proyección:

Resultados generales

A continuación podemos ver las proyecciones conjuntas que se hicieron, además se presentan algunas tablas con las ecuaciones utilizadas para obtener esas proyecciones.

<u>Costos</u>

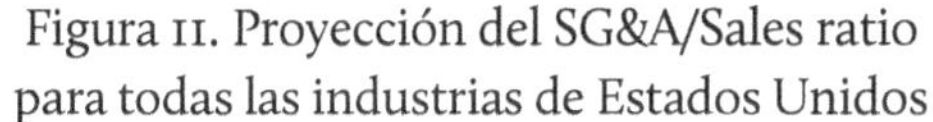

Figura 11. Proyección del SG&A/Sales ratio
para todas las industrias de Estados Unidos

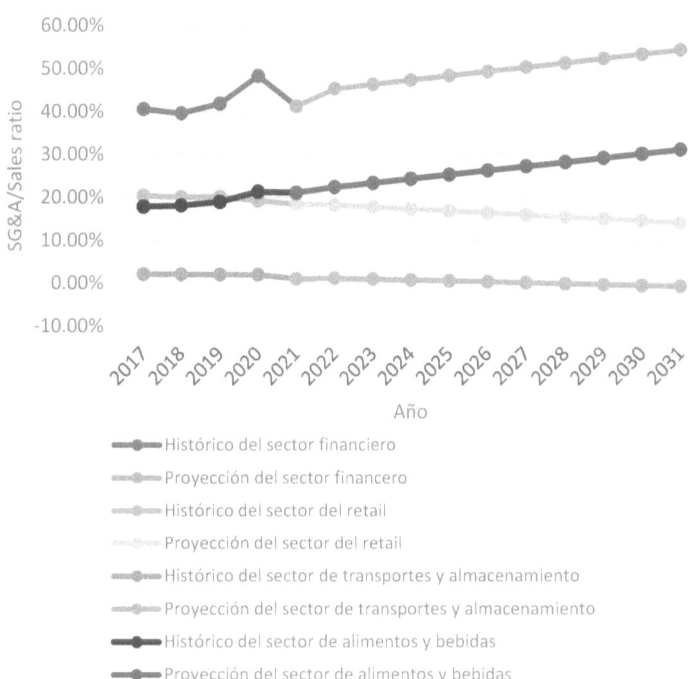

Fuente: elaboración propia con datos de Damodaran, A. (2022). Profit margins (net, operating and EBITDA). NYU Stern. https://www.stern.nyu.edu/%7Eadamodar/New_Home_Page/data.html

Tabla 4. Ecuaciones para la proyección de SG&A/Sales ratio en Estados Unidos

Sector	Ecuación
Financiero	$y = 0.39338 + 0.00995\,(x)$
Retail	$y = 0.21054 - 0.00472\,(x)$
Transportes y almacenamiento	$y = 0.02464 - 0.00222\,(x)$
Alimentos y bebidas	$y = 0.16595 + 0.00961\,(x)$

Fuente: elaboración propia con datos de Damodaran, A. (2022). Profit margins (net, operating and EBITDA). NYU Stern. https://www.stern.nyu.edu/%7Eadamodar/New_Home_Page/data.html

Empleo

Figura 12. Proyección del número de empleados
en todas las industrias en Estados Unidos

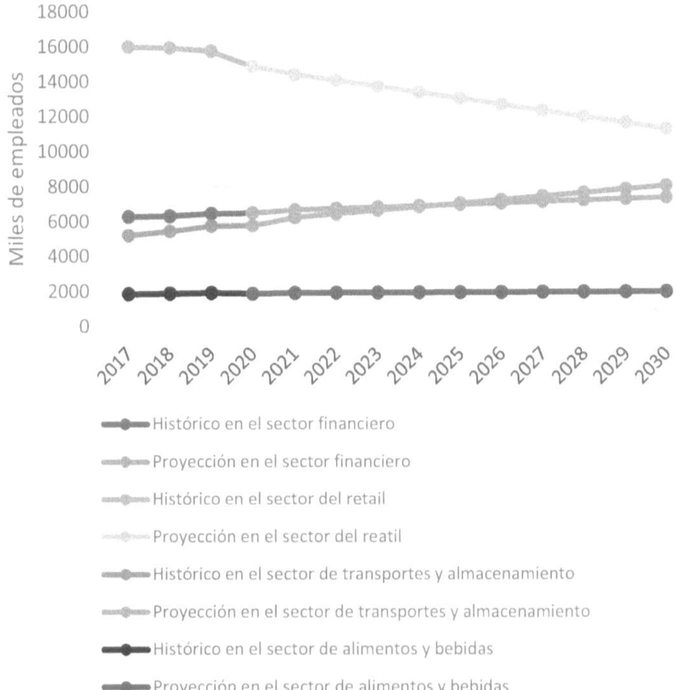

Fuente: Fuente: elaboración propia con datos de Bureau of Economic Analysis (BEA). (2022). Employment by Industry. *Bea.gov.* https://www.bea.gov/data/employment/employment-by-industry

Tabla 5. Ecuaciones para la proyección del número de empleados en Estados Unidos

Sector	Ecuación
Financiero	y = 6193 + 80.1 (x)
Retail	y = 16509.5 - 347.3 (x)
Transportes y almacenamiento	y = 5033.5 + 202.2 (x)
Alimentos y bebidas	y = 1864 + 8.8 (x)

Fuente: elaboración propia con datos de la Secretaría de Economía. (2022c). Servicios Financieros y de Seguros, Comercio al por Menor, Transportes, Correos y Almacenamiento, Industria Alimentaria: Salarios, producción, inversión, oportunidades y complejidad. *Data México*. https://datamexico.org/es/profile/industry/finance-and-insurance#innovation-activities

Estado de las industrias en México

En esta sección se presenta un panorama general de la situación de cada una de las industrias seleccionadas en nuestro país.

Servicios financieros

Los siguientes datos son obtenidos de la página Data México (Secretaría de Economía, 2023), creada por la Secretaría de Economía:

> Según datos del Censo Económico 2019, 5.14 % de las unidades económicas grandes del sector privado y paraestatal de Servicios Financieros y de Seguros tuvieron actividades de innovación en 2018. (Secretaría de Economía, 2022c)

Retail

> Según datos del Censo Económico 2019, 5.49 % de las unidades económicas grandes del sector privado y paraestatal de Comercio al por Menor tuvieron actividades de innovación en 2018. (Secretaría de Economía, 2022a)

Transportes y almacenamiento

> Según datos del Censo Económico 2019, la producción bruta total fue de $ 795,802M MXN. Los estados con mayor producción bruta total

fueron Ciudad de México ($ 261,036M MXN) y Estado de México ($ 86,503M MXN). (Secretaría de Economía, 2022d)

Innovación

Según datos del Censo Económico 2019, 3.86 % de las unidades económicas grandes del sector privado y paraestatal de Transportes, Correos y Almacenamiento tuvieron actividades de innovación en 2018. (Secretaría de Economía, 2022d)

Alimentos y bebidas

Según datos del Censo Económico 2019, 12.6 % de las unidades económicas grandes del sector privado y paraestatal de Industria Alimentaria tuvieron actividades de innovación en 2018. (Secretaría de Economía, 2022b)

Extrapolación para el caso mexicano

Estados Unidos

Haciendo una recopilación rápida tenemos los siguientes datos para Estados Unidos:

Inversión en investigación

Tabla 6. Inversión en investigación en Estados Unidos de acuerdo con su inversión total por industria (billones de dólares)

Sector	2017	2018	2019	2020	2021
Financiero	0.87	1.57	3.19	1.86	5.80
Retail	1.22	1.40	3.69	1.99	3.24
Transporte y almacenamiento	2.08	2.89	2.34	2.40	4.48
Alimento y bebidas	0.18	0.12	0.22	0.38	0.81

Fuente: elaboración propia con datos de Clark, J. y Perrault, R. (2022). *Artificial Intelligence Index Report 2022*. Stanford University. https://aiindex.stanford.edu/wp-content/uploads/2022/03/2022-AI-Index-Report_Master.pdf

Costos

Tabla 7. SG&A/Sales ratio por industria (porcentaje)

Sector	2017	2018	2019	2020	2021
Financiero	40.59 %	39.61 %	41.92 %	48.29 %	41.22 %
Retail	20.38 %	20.04 %	20.13 %	19.20 %	18.44 %
Transporte y almacenamiento	2.06 %	2.01 %	2.00 %	1.93 %	0.99 %
Alimento y bebidas	17.87 %	18.12 %	19.00 %	21.33 %	21.07 %

Fuente: elaboración propia con datos de Damodaran, A. (2022). Profit margins (net, operating and EBITDA). NYU Stern. https://www.stern.nyu.edu/%7Eadamodar/New_Home_Page/data.html

Ingresos

Tabla 8. Crecimiento anual compuesto de los ingresos en los últimos cinco años por industria

Sector	Porcentaje
Financiero	16.37 %
Retail	6.26 %
Transporte y almacenamiento	15.17 %
Alimento y bebidas	9.71 %

Fuente: elaboración propia con datos de Damodaran, A. (2022). Historical (compounded annual) growth rate in net income and revenues, last 5 years. *NYU Stern.* https://www.stern.nyu.edu/%7Eadamodar/New_Home_Page/data.html

Empleo

Tabla 9. Número de empleados a tiempo completo y parcial por industria en Estados Unidos (miles)

Sector	2017	2018	2019	2020
Financiero	6,282	6,328	6,457	6,506
Retail	15,989	15,933	15,751	14,892
Transporte y almacenamiento	5,198	5,444	5,741	5,773
Alimento y bebidas	1,858	1,888	1,922	1,876

Fuente: Fuente: elaboración propia con datos de Bureau of Economic Analysis (BEA). (2022). Employment by Industry. *Bea.gov.* https://www.bea.gov/data/employment/employment-by-industry

México

Por el lado de México tenemos los siguientes datos:

<u>Costos</u>

Dada la limitada disposición de datos, usamos un conglomerado de países de América Latina, Europa del este y Asia, de los que obtenemos este esquema:

Tabla 10. SG&A/Sales ratio para todas las industrias
en países emergentes (porcentaje)

Sector	2017	2018	2019	2020	2021
Financiero	26 %	28 %	27.9 %	31.9 %	28.2 %
Retail	19 %	20 %	20.6 %	20.1 %	19.8 %
Transporte y almacenamiento	5 %	5.2 %	6.1 %	5.8 %	4.6 %
Alimento y bebidas	19 %	19.6 %	19.5 %	18.7 %	18.4 %

Fuente: elaboración propia con datos de Damodaran, A. (2022). Profit margins (net, operating and EBITDA). NYU Stern. https://www.stern.nyu.edu/%7Eadamodar/New_Home_Page/data.html

<u>Ingresos</u>

Para países emergentes con una tasa de crecimiento anual compuesta de los últimos cinco años:

Tabla 11. Crecimiento anual compuesto de los ingresos
por industria en países emergentes (porcentaje)

Sector	Porcentaje
Financiero	8.25 %
Retail	-4.26 %
Transporte y almacenamiento	7.11 %
Alimento y bebidas	2.98 %

Fuente: elaboración propia con datos de Damodaran, A. (2022). Profit margins (net, operating and EBITDA). NYU Stern. https://www.stern.nyu.edu/%7Eadamodar/New_Home_Page/data.html

<u>Empleo</u>

Tabla 12. Número de empleados a tiempo completo
y parcial por industria en México (miles)

Sector	2017	2018	2019	2020	2021
Financiero	366.36	408.09	407.78	427.69	409.71
Retail	6773.41	7074.59	7728.81	7484.20	7962.18
Transporte y almacenamiento	175.86	164.01	191.61	158.25	168.15
Alimento y bebidas	1823.61	1900.58	2104.68	1903.77	2151.64

Fuente: elaboración propia con datos de la Secretaría de Economía. (2022). Industria Alimentaria, Financiera, Comercio al por menor y transportes: Salarios, producción, inversión, oportunidades y complejidad. Data México. https://datamexico.org/es/profile/industry/food-manufacturing#:%7E:text=En%20el%20cuarto%20trimestre%20de%202021%2C%20la%20 poblaci%C3%B3n%20ocupada%20en,salario%20de%20%243.41k%20MX

Cálculo de proyecciones para México

Ahora vamos a hacer algunas proyecciones, pero ahora con los datos presentados para México con sus propias tendencias.

<u>Resultados generales</u>

Vamos a presentar los resultados de forma similar a como se presentaron en Estados Unidos.

<u>Costos</u>

Figura 13. Proyección del SG&A/Sales ratio para México en todas las industrias

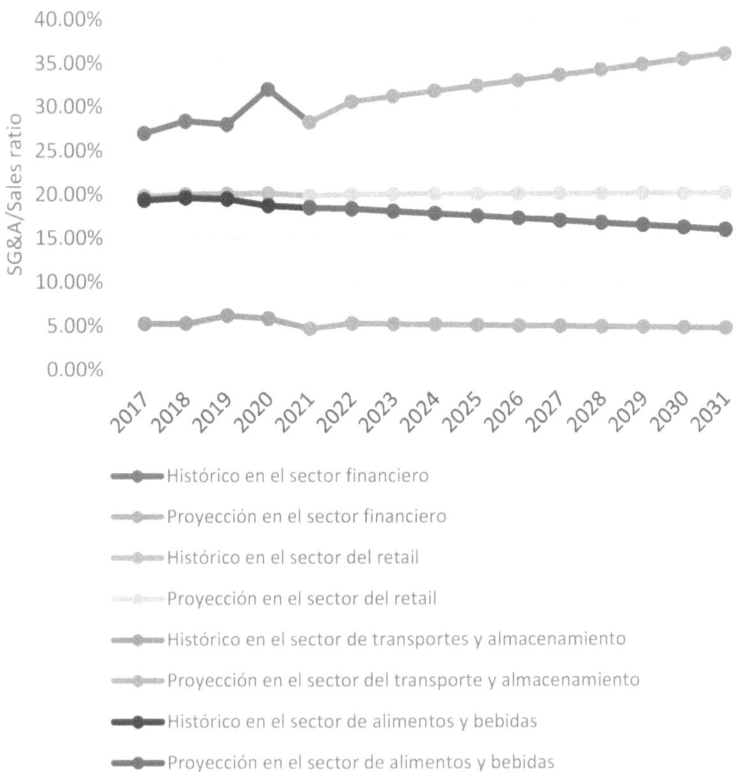

Fuente: elaboración propia con datos de Damodaran, A. (2022). Profit margins (net, operating and EBITDA). *NYU Stern.* https://www.stern.nyu.edu/%7Eadamodar/New_Home_Page/data.html

Tabla 13. Ecuaciones para la proyección del SG&A/Sales ratio en México

Sector	Ecuación
Financiero	y = 0.2687 + 0.00609 (x)
Retail	y = 0.21054 - 0.00472 (x)
Transportes y almacenamiento	y = 0.056253 - 0.00063 (x)
Alimentos y bebidas	y = 0.1997 - 0.00272 (x)

Fuente: elaboración propia con datos de Damodaran, A. (2022). Profit margins (net, operating and EBITDA). NYU Stern. https://www.stern.nyu.edu/%7Eadamodar/New_Home_Page/data.html

<u>Empleo</u>

Figura 14. Proyección del número de empleados en todas las industrias en México

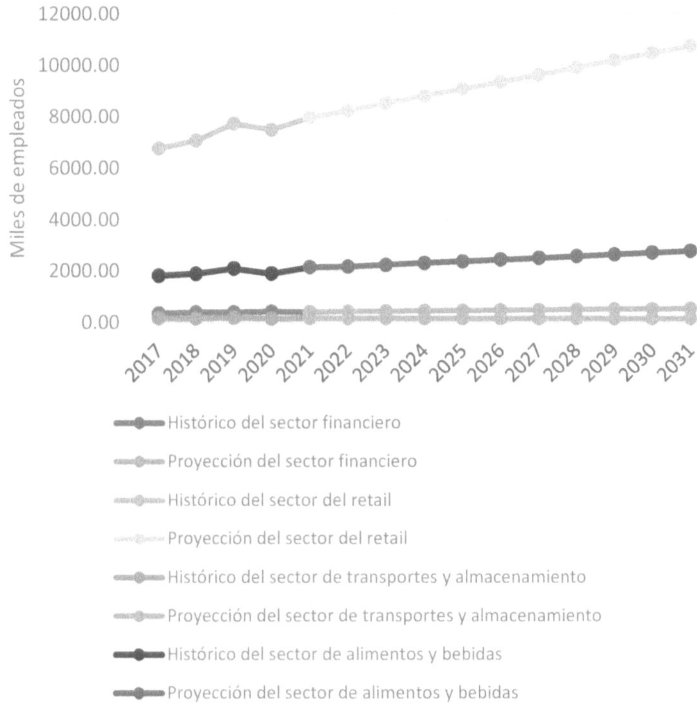

Fuente: elaboración propia con datos de la Secretaría de Economía. (2022c). Servicios Financieros y de Seguros, Comercio al por Menor, Transportes, Correos y Almacenamiento, Industria Alimentaria: Salarios, producción, inversión, oportunidades y complejidad. *Data México.* https://datamexico. org/es/profile/industry/finance-and-insurance#innovation-activities

Tabla 14. Ecuaciones para la proyección del número de empleados en México

Sector	Ecuación
Financiero	$y = 372.04 + 10.62\,(x)$
Retail	$y = 6568.4957 + 278.7151\,(x)$
Transportes y almacenamiento	$y = 177.9315 - 2.118\,(x)$
Alimentos y bebidas	$y = 1779.089 + 65.924\,(x)$

Fuente: elaboración propia con datos de la Secretaría de Economía. (2022b). Industria Alimentaria, Financiera, Comercio al por menor y transportes: Salarios, producción, inversión, oportunidades y complejidad. *Data México.* https://datamexico.org/es/profile/industry/food-manufacturing#: %7E:text=En%20el%20cuarto%20trimestre%20de%202021%2C%20la%20poblaci%C3%B3n%20 ocupada%20en,salario%20de%20%243.41k%20MX

Proyecciones para México con las tendencias de Estados Unidos

Para esta parte lo que vamos a hacer es primero calcular la proyección para México de nueva cuenta, pero ahora vamos a mantener constante el intercepto de la ecuación solo que cambiaremos la pendiente por la que existe en las industrias de Estados Unidos, para después hacer una comparación gráfica.

Resultados generales

Aquí vamos a presentar dos tablas, una con las ecuaciones utilizadas para hacer las nuevas proyecciones y la otra con los resultados de las proyecciones.

Costos

Tabla 15. Ecuaciones para la proyección de SG&A/Sales ratio en México con tendencia de Estados Unidos

Sector	Ecuación
Financiero	y = 0.2687 + 0.00995 (x)
Retail	y = 0.1993 - 0.00472 (x)
Transportes y almacenamiento	y = 0.05625 - 0.00222 (x)
Alimentos y bebidas	y = 0.1997 + 0.00961 (x)

Fuente: elaboración propia con datos de Damodaran, A. (2022). Profit margins (net, operating and EBITDA). *NYU Stern.* https://www.stern.nyu.edu/%7Eadamodar/New_Home_Page/data.html

Tabla 16. Comparación de proyecciones del SG&A/Sales
ratio en todas las industrias (porcentaje)

Año	2022	2023	2024	2025	2026	2027	2028	2029	2030	2031
Industria financiera										
Tendencia de Estados Unidos	32.84	33.83	34.83	35.82	36.82	37.81	38.81	39.80	40.80	41.79
Tendencia de México	30.52	31.13	31.74	32.35	32.96	33.57	34.18	34.79	35.40	36.01
Industria del *retail*										
Tendencia de Estados Unidos	17.10	16.63	16.16	15.69	15.21	14.74	14.27	13.80	13.33	12.85
Tendencia de México	20.00	20.01	20.02	20.03	20.04	20.05	20.06	20.07	20.08	20.09
Industria de transportes y almacenamiento										
Tendencia de Estados Unidos	4.29	4.07	3.85	3.63	3.41	3.18	2.96	2.74	2.52	2.30
Tendencia de México	5.25	5.18	5.12	5.06	5.00	4.93	4.87	4.81	4.74	4.68
Industria de alimentos y bebidas										
Tendencia de Estados Unidos	25.74	26.70	27.66	28.62	29.58	30.55	31.51	32.47	33.43	34.39
Tendencia de México	18.34	18.07	17.80	17.52	17.25	16.98	16.71	16.43	16.16	15.89

Fuente: elaboración propia con datos de Damodaran, A. (2022). Profit margins (net, operating and EBITDA). *NYU Stern*. https://www.stern.nyu.edu/%7Eadamodar/New_Home_Page/data.html

Ingresos

Tabla 17

Industria	Pronóstico de crecimiento de ingresos en Estados Unidos	Pronóstico de crecimiento de ingresos en México
Financiero	16.37 %	8.25 %
Retail	6.26 %	-4.26 %
Transporte y almacenamiento	15.17 %	7.11 %
Alimento y bebidas	9.71 %	2.98 %

Fuente: Damodaran, A. (2022). Historical (compounded annual) growth rate in net income and revenues, last 5 years. *NYU Stern*. https://www.stern.nyu.edu/%7Eadamodar/New_Home_Page/data.html

Empleo

Tabla 18. Ecuaciones para la proyección del número
de empleados en México con tendencia de Estados Unidos

Sector	Ecuación
Financiero	$y = 372.04 + 80.1\,(x)$
Retail	$y = 6568.4957 - 374.3\,(x)$
Transportes y almacenamiento	$y = 177.9315 + 202.2\,(x)$
Alimentos y bebidas	$y = 1779.0891 + 8.8\,(x)$

Fuente: elaboración propia con datos de la Secretaría de Economía. (2022b). Industria Alimentaria, Financiera, Comercio al por menor y transportes: Salarios, producción, inversión, oportunidades y complejidad. *Data México.* https://datamexico.org/es/profile/industry/food-manufacturing#:%7E:text=En%20el%20cuarto%20trimestre%20de%202021%2C%20la%20poblaci%C3%B3n%20ocupada%20en,salario%20de%20%243.41k%20MX

Tabla 19. Comparación de proyecciones del número
de empleados en todas las industrias (miles)

Año	2022	2023	2024	2025	2026	2027	2028	2029	2030	2031
Industria financiera										
Tendencia de Estados Unidos	853	933	1013	1093	1173	1253	1333	1413	1493	1574
Tendencia de México	436	446	457	468	478	489	500	510	521	531
Industria del *retail*										
Tendencia de Estados Unidos	4485	4137	3790	3443	3095	2748	2401	2054	1706	1359
Tendencia de México	8241	8520	8798	9077	9356	9634	9913	10192	10471	10749
Industria de transportes y almacenamiento										
Tendencia de Estados Unidos	1391	1593	1796	1998	2200	2402	2604	2807	3009	3211
Tendencia de México	165	163	161	159	157	155	153	150	148	146
Industria de alimentos y bebidas										
Tendencia de Estados Unidos	1832	1841	1849	1858	1867	1876	1885	1893	1902	1911
Tendencia de México	2175	2241	2306	2372	2438	2504	2570	2636	2702	2768

Fuente: elaboración propia con datos de la Secretaría de Economía. (2022b). Industria Alimentaria, Financiera, Comercio al por menor y transportes: Salarios, producción, inversión, oportunidades y complejidad. *Data México.* https://datamexico.org/es/profile/industry/food-manufacturing#:%7E:text=En%20el%20cuarto%20trimestre%20de%202021%2C%20la%20poblaci%C3%B3n%20ocupada%20en,salario%20de%20%243.41k%20MX

Conclusiones

A pesar de existen grandes avances en los campos de la IA, el ML y el DL, en todas las industrias analizadas en los Estados Unidos existe una inversión en IA muy relevante, solamente en tres de las cuatro industrias analizadas, las proyecciones de empleo extrapoladas a México son mayores que las que propias tendencias de México, por lo que el efecto de liberarnos del trabajo repetitivo aún tardará en materializarse.

En dos de las cuatro industrias analizadas tenemos un SG&A/sales ratio proyectado mayor con los datos extrapolados a México que con las propias tendencias de México, aunque este indicador no solo cubre la parte correspondiente a los salarios, es un factor que seguramente podría influir en la decisión de invertir o no en IA.

Por el otro lado vemos un crecimiento muy importante de las industrias en Estados Unidos comparado con México, si bien este crecimiento se debe a una serie de factores múltiples, uno de ellos será la gran cantidad de inversión en IA que existe en el país vecino.

Una indicación de estos resultados es que los programas de IA, ML y DL que se están diseñando buscan potenciar la productividad humana, no eliminar directamente el trabajo humano.

Lo anterior es muy relevante, ya que contradice la noción de que la IA viene a reemplazar por completo a los humanos. Volviendo cada vez más complicada la reintegración al mundo laboral de las personas cuyos empleos hayan sido automatizados, lo que provocaría una severa crisis económica.

Referencias

Recursos electrónicos

BanBajío. (2020). Nuestro Banco. *BanBajío.* https://www.bb.com.mx/webcenter/
portal/BanBajio/home/inversionistas/nuestro-banco?_afrLoop=
12954827488537945&_afrWindowMode=2&Adf-Window-Id=u1u038y1&_
afrFS=16&_afrMT=screen&_afrMFW=1440&_afrMFH=789&_afrMFDW=
1440&_afrMFDH=900&_afrMFC=8&_afrMFCI=0&_afrMFM=0&_afrMFR=
96&_afrMFG=0&_afrMFS=0&_afrMFO=0

Banco Azteca. (2020). ¿Quiénes somos? *Banco Azteca.* https://www.bancoazteca.
com.mx/conocenos/sobre-banco-azteca.html

Calvente, M. (2021, diciembre 17). ¿Qué es la tasa de crecimiento anual compuesta
o CAGR (Compound Annual Growth Rate)? *BBVA Noticias.* https://www.
bbva.com/es/que-es-la-tasa-de-crecimiento-anual-compuesta-o-cagr-
compound-annual-growth-rate/

Damodaran, A. (2022). Historical (compounded annual) growth rate in net
income and revenues, last 5 years. *NYU Stern.* https://www.stern.nyu.edu/%7
Eadamodar/New_Home_Page/data.html

Deloitte. (2021). *La banca mexicana en números. Tercer trimestre de 2021* [Archivo
PDF]. https://www2.deloitte.com/content/dam/Deloitte/mx/Documents/
financial-services/2021/Banca_Mexicana_3er_trimestre-2021.pdf

Espinosa, L. (2020, julio 31). Las empresas mexicanas son las más rezagadas
en comprensión de tecnología. *Informa BTL.* https://www.informabtl.
com/las-empresas-mexicanas-son-las-mas-rezagas-en-comprension-de-
tecnologia/

Euromonitor. (2022). Brand Shares. *Euromonitor.up.* https://euromonitor.up.
elogim.com/portal/statisticsevolution/index

García, A. (2020, agosto 6). 6 de cada 10 empleados mexicanos afirman que su
productividad ha aumentado durante el confinamiento. *Business Insider
México.* https://businessinsider.mx/home-office-empleados-mexico-como-
prefieren-trabajar-encuesta-pwc/

González, L. (2021, mayo 18). México, rezagado en innovación: IDIC. *El Economista.*
https://www.eleconomista.com.mx/empresas/IDIC-advierte-sobre-rezago-
tecnologico-de-Mexico-ante-la-cuarta-revolucion-industrial-20210
518-0072.html

Greene, J. (2020, noviembre 27). Amazon's big holiday shopping advantage: An in-house shipping network swollen by pandemic-fueled growth. *The Washington Post*. https://www.washingtonpost.com/technology/2020/11/27/amazon-shipping-competitive-threat/

Inegi. (2022). PIB por actividad económica. *Inegi.org*. https://www.inegi.org.mx/temas/pib/#Informacion_general.

M&A México. (2020). Logistics & Transportation. *Mnamexico.com*. http://mnamexico.com/ma_industria/logistica-y-transporte/

Navarro, J. (2019, febrero). Definición de "matrioshka". *Definición ABC*. https://www.definicionabc.com/social/matrioshka.php

Omaar, H. (2022, marzo 17). NSF Data Shows AI Adoption in the United States Remains Low But Big Companies Are Leading the Way. *Center for Data Innovation*. https://datainnovation.org/2022/03/nsf-data-shows-ai-adoption-in-the-united-states-remains-low-but-big-companies-are-leading-the-way/

Oracle. (2021). Inteligencia Artificial, Machine Learning, Deep Learning: una historia de muñecas rusas. *Oracle.com*. https://www.oracle.com/es/database/cloud/algoritmos-machine-learning.html

Oracle. (2022). *Money and Machines: 2021 Global Study* [Archivo PDF]. https://www.oracle.com/a/ocom/docs/applications/erp/money-and-machines-report-2021.pdf

Oxxo. (2020). 40 datos que tal vez no sabías de OXXO. *Oxxo.com*. https://www.oxxo.com/conocenos

Parlamento Europeo. (2021, marzo 26). ¿Qué es la inteligencia artificial y cómo se usa? *Noticias Parlamento Europeo*. https://www.europarl.europa.eu/news/es/headlines/society/20200827STO85804/que-es-la-inteligencia-artificial-y-como-se-usa

Peiró, R. (2020, septiembre 1). Definición de "bot". *Economipedia*. https://economipedia.com/definiciones/bot.html

RAE (RAE). (2021). Definición de "algoritmo". *Diccionario de la lengua española*. https://dle.rae.es/algoritmo

Redacción. (2019, febrero 17). Por qué hay empresas y gobiernos que todavía usan fax. *BBC News Mundo*. https://www.bbc.com/mundo/noticias-47198530

Secretaría de Economía. (2022a). Comercio al por Menor: Salarios, producción, inversión, oportunidades y complejidad. *Data México*. https://datamexico.org/es/profile/industry/retail-trade#innovation-activities

Secretaría de Economía. (2022b). Industria Alimentaria: Salarios, producción, inversión, oportunidades y complejidad. *Data México.* https://datamexico. org/es/profile/industry/food-manufacturing#:%7E:text=En%20el%20 cuarto%20trimestre%20de%202021%2C%20la%20poblaci%C3%B3n%20 ocupada%20en,salario%20de%20%243.41k%20MX

Secretaría de Economía. (2022c). Servicios Financieros y de Seguros: Salarios, producción, inversión, oportunidades y complejidad. *Data México.* https:// datamexico.org/es/profile/industry/finance-and-insurance#innovation-activities

Secretaría de Economía. (2022d). Transportes, Correos y Almacenamiento: Salarios, producción, inversión, oportunidades y complejidad. *Data México.* https://datamexico.org/es/profile/industry/transportation-and-warehou sing#innovation-activities

Secretaría de Economía. (2023). Página web oficial. *Data México.* https:// datamexico.org/es

Sensagent. (2015). Definición de "utopismo tecnológico". *Sensagent.* http:// diccionario.sensagent.com/Utopismo%20tecnol%C3%B3gico/es-es/

Statista. (2021, junio 3). Percentage added to U.S. GDP by industry 2020. *Statista. com.* https://www.statista.com/statistics/248004/percentage-added-to-the-us-gdp-by-industry/

Walton, C. (2022, marzo 1). 5 Reasons Why Amazon Go Is Already The Greatest Retail Innovation Of The Next 30 Years. *Forbes.* https://www.forbes. com/sites/christopherwalton/2022/03/01/5-reasons-why-amazon-go-is-already-the-greatest-retail-innovation-of-the-next-30-years/? sh=15418e971abc

Zarzycki, N. (2021, noviembre 9). SG&A Meaning: Selling, General & Administrative Expenses (Definition). *Bench.* https://bench.co/blog/accoun ting/sga/#:%7E:text=for%20your%20business.-,What%20is%20the%20 SG%26A%20sales%20ratio%3F,sucked%20up%20by%20SG%26A%20costs

LA INTELIGENCIA ARTIFICIAL
AL SERVICIO DE LAS PYMES

Salvador Paz Sánchez
Fondify

Colaboradores:
Rodolfo Rubén Álvarez González, Jovan Rebolledo
Juan Carlos González, Rodrigo Correa,
Daniel Martínez y Favio Vázquez

Resumen

Las micro, pequeñas y medianas empresas en México representan el 99.8 % del total de 4.2 millones de entidades productivas. Estas impactan en más del 70 % de empleo en México y en cerca del 52 % de producto interno bruto (PIB). La mayor parte de este universo de empresas, no tienen acceso (y probablemente idea) que la inteligencia artificial puede impactar de manera muy favorable a sus objetivos y que no está nada lejos la posibilidad de lograrlo. Aun cuando los términos *machine learning, artificial intelligence, deep learning,* etcétera, puedan sonar intimidantes, la tecnología va convirtiéndose cada vez más en un *commodity* al que se puede acceder sin barreras de entrada tan altas. Expertos entrevistados para este capítulo, sugieren apertura de mente y entender que es un proceso iterativo al que se le debe hacer una apuesta de confianza.

Palabras clave: data, empresas inteligentes, inteligencia artificial, Pymes, SMEs.

¿Qué es la inteligencia artificial?

En este capítulo pretendemos explorar las actuales aplicaciones en el mundo y posteriormente aterrizar las bondades que puede traer esta tecnología en la aplicación de las pequeñas y medianas empresas.

Para comenzar valdrá la pena explorar los diferentes términos y acepciones que tiene el concepto *artificial intelligence* (AI). Según algunos expertos, la inteligencia artificial es la capacidad de dar a una máquina el poder de tomar decisiones. Entender cómo piensa un experto en cierto tema y extraer las reglas para convertirlas en unos y ceros de tal suerte que a través de algoritmos de manera consistente se ejecuten las mismas, tomando la mayor cantidad de datos para calcular y definir una salida. Al día de hoy no existe la Inteligencia Artificial genérica sino que tiene que conceptualizarse de forma específica. Inteligencia artificial es una forma de intentar imitar el cerebro humano en una computadora. La idea es que los modelos de pensamientos humanos sean los más similares posibles al funcionamiento en el cerebro, pero a través de una computadora. Los científicos procuran imitar las diferentes partes y modelos del cerebro para poder embeberlos en algoritmos en computadora. El resultado debería de ser un conjunto de modelos creados en la inspiración del cerebro humano. Sin embargo, aun en pleno 2022 y con todos los avances tecnológicos que se han desarrollado de manera tan abrupta, el grado de las habilidades cognitivas de los humanos ha sido difícil de abstraer. Algunos modelos de inteligencia artificial están modelados para ser una simulación de la inteligencia humana, sin embargo, eso solo eso: una simulación.

Actualmente encontramos un sinfín de aplicaciones de inteligencia artificial. Las sugerencias que nos arroja Netflix, Apple Music o Spotify así como todas las redes sociales y los "jueguitos" donde descargamos mucha más información personal que la que deberíamos. Los sitios web que visitamos día a día y ni se diga de las operaciones financieras, compras en línea y elección de noticias por internet. Poco más adelante hablaremos sobre los asistentes virtuales activables por voz, por ejemplo.

Según Raymond Kurzweil, importante inventor y futurista de origen estadounidense, creador del escáner entre otras maravillas y actual director de ingeniería en Google, la ley de rendimientos acelerados es un incremento en la tasa de progreso tecnológico a lo largo de la historia, que sin lugar a dudas generará cambios drásticos y profundos en el futuro. Según sus cálculos, el procesamiento de la información se ha incrementado desde la época de los egipcios con los jeroglíficos, imprenta entre otros y aproximadamente cada 18 meses hay un doble de procesamiento (Luschek, 2015).

Uno de los mejores regalos que pudo haber recibido mi madre fue "una Alexa". Alexa es un asistente virtual que desarrolló Amazon en el 2014 y es controlado por voz (aunque también están en el mercado otros desarrollos como Siri de Apple, Google Home o Cortana de Windows). Su interacción con la "nueva inquilina" fue para el que escribe, toda una revelación y por lo que pude investigar no solo para mí (Basu, 2019).

Miles de personas de la tercera edad alrededor del mundo cada día se convierten en usuarios satisfechos de este tipo de aparatos. Me llama mucho la atención la cantidad de veces que mi madre interactúa con "su amiga" y la camaradería con la que le platica. Por las mañanas le da los buenos días y le agradece cuando encuentra alguna canción de antaño. Sin embargo, es claro para todos que las computadoras y los algoritmos **no sienten nada**. Cuando mucho, pueden programarse para que simulen alguna emoción humana. Esto no es positivo ni negativo, simplemente así es.

Lo importante de este tema es que las computadoras, al no ser capaces de percibir el mundo a través de las emociones, jamás van a tener una perspectiva humana real. Por supuesto que pueden programarse para detectar los gestos faciales, los tonos de voz y las palabras analizadas, y aun así hay personas que creen que estamos a meses de vivir en una realidad como la película *Ex Machina* (Garland, 2014).

Hollywood nos ha llevado a tener una idea exacerbada de la inteligencia artificial y el futuro de la humanidad en función de ella. Para comenzar a diferenciar los tipos de inteligencia valdría la pena definir los objetivos de cada cosa. Los objetivos para los que se utiliza la inteligencia humana no son para nada los objetivos que se plantean al escribir un algoritmo de inteligencia artificial. Cuando mucho, pudieran emularse, pero hasta ahí. Si bien todos estos términos como inteligencia artificial, *machine learning, deep learning* están fuertemente asociados a una base totalmente técnica, siempre evocan discusiones de índole más abstracto, más existencialista y me atrevo a decir que hasta filosófico.

Se han hecho preguntas a lo largo de los años como: ¿por qué los humanos queremos que las máquinas piensen como humanos? Al hacer esta pregunta específicamente a los expertos entrevistados para este artículo relacionados a estos temas, fue muy interesante la diversidad de sus respuestas e invito a las y los lectores que ellos mismos se lo cuestionen. Una de las respuestas que más fascinación me causó fue también la más sencilla, sofisticada y a la vez profunda. Me respondió: "¿Y por qué no?". Detrás de estas cuatro palabras encontré todo un desafío echado a andar: ¿Por qué no hacerlo si tenemos curiosidad? ¿Por qué no hacerlo si tenemos los recursos? ¿Por qué no hacerlo si tenemos la capacidad? ¿Por qué no hacerlo si **ya lo estamos haciendo**?

Otro experto fue un tanto más cauteloso en su respuesta e inclusive un tanto irreverente. "Las máquinas no pueden pensar como humanos porque no son humanos, las máquinas 'piensan' como máquinas". Considero que esta respuesta es debatible por varios de los autores que están convencidos que los algoritmos que hacen que las computadoras emulen a los humanos a través de aprendizaje continuo y profundo, están teniendo éxito al aplicar el Test de Turing. Alan Turing es considerado como el padre de la computación y según muchas personas, el responsable de la victoria de los aliados en contra de Alemania en la Segunda Guerra Mundial (Recomiendo mucho ver la película *El Código Enigma* 2014) (Tyldum, 2014). La prueba de Turing o Test de Turing consiste en un examen donde un humano interactúa con una computadora haciéndole preguntas con el fin de detectar si estaba dialogando con un humano o con una máquina. Si después de 5 minutos, más del 70 % de la conversación la persona que estaba aplicando el test no podía distinguir si era una computadora o no, entonces había pasado la prueba.

El otro de los expertos al que también le extendí la cuestión sobre ¿por qué los humanos queremos que las máquinas piensen como humanos? Me sorprendió con otra pregunta: "¿se puede generar algo más inteligente que tú mismo?". La sorpresa se apoderó de mí y tras pensar algunos segundos me di por vencido y le respondí genuinamente: "Seguramente que **yo** sí". Después de haber reído ambos, se quedó muy serio y me dijo: "Yo estoy seguro que sí, y es otro humano, un hijo por ejemplo". Me explicó que con eso quedaba demostrado que la posibilidad existe. Que en la evolución de la humanidad, la inteligencia va acumulándose de generación en generación y que por lo tanto la creación de una máquina más inteligente que los humanos actuales si es posible, solo que aún no sabemos el **cómo**. Me quedé pasmado: una obviedad tan grande, pero con mucha profundidad. Siguió explorando las implicaciones que este proceso tiene y tendrá y se remitió a que lo que se le programa a las computadoras, es decir, al generar el proceso de creación del algoritmo, lo sigue haciendo un humano y ese algoritmo puede "llevar el ADN" de quien está escribiendo el código informático. ¿Esto que quiere decir? Que es muy seguro que lo que le pasamos a la máquina es una abstracción de la persona que está creando el algoritmo. El código con el que se hace realidad el algoritmo es una abstracción de los humanos.

Para ejemplificar los recién explicado, tenemos la afirmación de Carlos Castillo, director del grupo de Ciencia Web y Computación Social en la Universidad Pompeu Fabra: "Hay dos formas en que un sistema de inteligencia artificial puede mostrar prejuicios: primero, porque se usen datos inadecuados y, segundo, porque el procesamiento de los datos sea inadecuado" (Rius, 2017), también detalla que los datos pueden ser inadecuados de muchas maneras: porque contengan patrones históricos de discriminación por ejemplo, que aprenda de las estadísticas que los cargos ejecutivos son mayoritariamente desempeñados por hombres blancos y a la hora de seleccionar candidatos para una vacante de este tipo descarte currículums de mujeres y de hombres de raza negra o porque se seleccionen mal:

> Quizá monitorizar el tráfico de coches es más fácil que monitorizar el de bicicletas o el de desplazamientos a pie, pero si seleccionamos solamente los datos de automóviles entonces propondremos políticas de movilidad más adecuadas para los viajes en coche que para otros viajes. (Rius, 2017).

El 24 de marzo de 2016, Microsoft sacó a la luz a su robot, TAY basado en inteligencia artificial para experimentar la interacción entre las computadoras y los seres humanos. La idea era crear en las redes sociales una conversación informal y divertida con un "target" de entre 18 y 24 años. El experimento fracasó de manera rotunda. A solo 16 horas de haberla puesto en línea, tuvieron que cancelar el proyecto y dar de baja a Tay ya que comenzó a mandar mensajes racistas, xenófobos y homófobos. Mandó tuits empatizando con Hitler, siendo racista con mexicanos, judíos, etcétera; además de hacer apología al consumo de drogas ilegales. Es importante destacar que lo expresado por Tay, no era más que información "aprendida" del segmento de mercado para el que estaba programada, pero evidentemente hubo un error garrafal al no prevenir ese tipo de respuestas tan negativas que terminaron por manchar la reputación de su casa; Microsoft (Redacción, 2016).

De manera recurrente se escuchan los términos inteligencia artificial y *machine learning* en una misma conversación e inclusive como si se tratara de lo mismo. Es importante recalcar que aunque van muy de la mano ambos términos, son cosas diferentes. *Machine learning* se encuentra debajo del paraguas de la inteligencia artificial.

Watson desarrollado por IBM es un sistema de inteligencia artificial con capacidad para interactuar e inferir cosas similares a cómo se comporta un humano (ViewNext, 2019). Watson ha mostrado su gran capacidad para hacer mejor las cosas que muchos humanos, como por ejemplo haber ganado el famoso juego de Jeopardy en 2011. Sin embargo, no queda allí, puede brindar servicios como atención al cliente con una empatía muy marcada por la gran data a la que está expuesta. Otra de sus fortalezas está en la de poder procesar gran cantidad de imágenes, etiquetarlas y clasificarlas. Ha sido una gran ayuda en empresas de industrias tan diversas como la de petróleo o escaleras eléctricas.

Por otro lado, tenemos a DeepMind de Google, una plataforma de inteligencia artificial cuyo proceso es el de aprender a partir de los comentarios y experiencias de los usuarios. Si te propones jugar algún juego contra la máquina, ajedrez por ejemplo, no hay necesidad de enseñarle las reglas. La máquina va aprendiendo sobre la marcha y existe una alta probabilidad de que resulte ganadora.

Una de las grandes fortalezas de la inteligencia artificial es su habilidad para comprender el lenguaje que utilizamos los humanos con nuestras tribus digitales. A partir de las conversaciones en redes sociales, llamadas telefónicas u otros medios de comunicación, puede aprender términos y utilizarlos en las mismas u otras conversaciones para emular cada vez más y mejor a los humanos y no solo copiarlo de manera burda sino interpretar de manera correcta los términos y su contexto, formando así una comprensión profunda de las situaciones, cosas y actitudes con las que se relacionan las palabras.

Por otro lado el llamado *machine learning* es uno de los métodos que forman parte de la inteligencia artificial. La idea es enseñar a la máquina, como si estuvieras educando a un bebé y a prueba y error a identificar fenómenos con la ayuda de métodos matemáticos y estadísticos. Al decir "enseñar" nos referimos a generar bases de datos con incontables imágenes, números y/o texto que sea "la gasolina" con la que vamos a hacer funcionar la maquinaria y por lo tanto va a aprender en el algoritmo. Como producto de este proceso de educación, el algoritmo de manera gradual se volverá mejor en la identificación de un fenómeno particular.

En las décadas de 1950 y 1960 un reconocido psicólogo de nombre Frank Rosenblatt desarrolló un dispositivo computarizado capaz de clasificar imágenes con un rango de error muy bajo. Lo bautizó como: **Marc i Perceptron**. Esta máquina era capaz de reconocer el género de la persona analizando una fotografía, a partir del desglose en partes en la tarea de análisis. Esto fue un gran avance porque dio pie al aprendizaje automático o *machine learning*. A continuación se presenta una imagen de cómo se desarrolló el **Marc i Perceptron** inspirado en los sistemas neuronales del cerebro humano.

Figura i. Detalle de funcionamiento del Mark i Perceptron

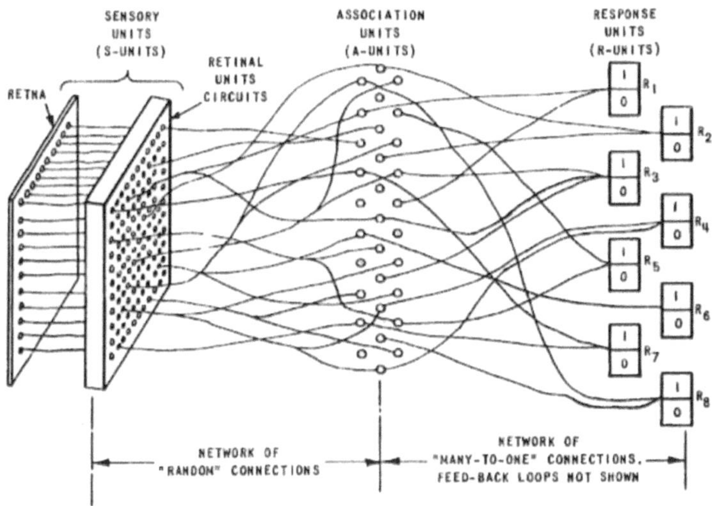

Fuente: Ramírez, F. (2018, julio 20). Historia de la IA: Frank Rosenblatt y el Mark I Perceptrón, el primer ordenador fabricado específicamente para crear redes neuronales en 1957. *Think Big.* https:// empresas.blogthinkbig.com/historia-de-la-ia-frank-rosenblatt-y-e/

Inmersión al mundo de la inteligencia artificial

Con el fin de ir adentrándonos en este controversial, pero infinitamente interesante mundo, nos dimos a la tarea de buscar plataformas al alcance de cualquier persona que pueden explorar, probar, jugar e inclusive utilizar de manera que les agregue valor a su actual empresa. Muchas de ellas están programadas en inglés y solo disponibles en ese idioma, sin embargo, tenemos a la mano otra gran herramienta de inteligencia artificial gratuita y altamente funcional y de muy fácil acceso que puede ayudarnos con la traducción, Google Translate.

Si además buscamos queremos revisar que esté correcto lo que se tradujo, podemos utilizar Grammarly (2023) en su versión *freemium* (modelo de negocio basado en un producto o servicio gratuito, sin embargo, puede crecer en funcionalidades por un pago). Anexo en este capítulo como ejemplo, lo que generé a partir de nuestra *startup* Haiwi, que sin lugar a dudas nos ha sido funcional para la aplicación en la vida real.

Otro interesante modelo lo encontramos en la propuesta de valor de la plataforma Copy.ai (2023), que es permitir a escritores independientes, especialistas en marketing, dueños de negocios y redactores creativos crear contenido de calidad. Esto incluye introducciones de blog, copia de la página de destino, anuncios de LinkedIn y descripciones de productos. En lo personal, para Haiwi, probamos nuestro *elevator pitch* (en inglés), para que nos permitiera generar contenido relacionado a lo que "entendió" y procesó a través del *machine learning*. Como observación, a partir de solo 12 palabras, que nosotros generamos y pusimos en la plataforma, es lo que encontrarán en la imagen de como se ve su interfaz. Lo siguientes en cursivas, fue lo que nos arrojó de manera automática. Anexo encontrarán 8 diferentes y muy útiles definiciones creadas absolutamente íntegras por una serie de algoritmos en cuestión de segundos. Nos salió inclusive una opción para seguir generando más copys, pero para cuestión de pruebas, consideramos que era suficiente. El costo total de lo que están por ver fue de $ 0 pesos MXN.

Figura 2

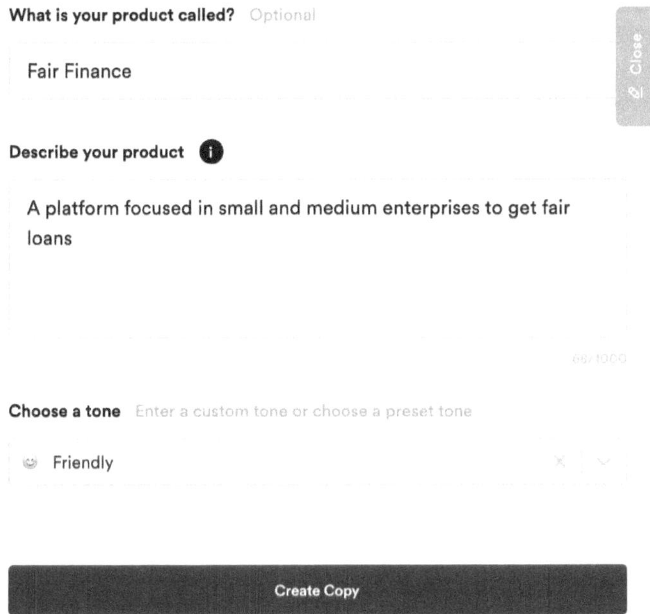

Fuente: captura de pantalla.

Fair Finance is a platform focused in small and medium enterprises to get fair loans. Our loans are based on business need, not just investor demand. We believe that lending should be open to everyone, with clear terms and affordable interest rates.

Fair Finance is a platform that allows small and medium enterprises (SMEs) to get fair loans. In addition to providing financial inclusion, fairness and integrity are built into the heart of its business model.

We are a platform that helps you get a fair loan based on your income and cash flow. We work with small and medium enterprises to help them grow their business.

Fair Finance is a digital platform that offers affordable loans and financial services to small and medium enterprises.

Fair Finance is a platform focused in small and medium enterprises to get fair loans to develop the productive sector of the country.

Fair Finance is a platform that allows to small and medium enterprises to get fair loans.

Our goal is to build a new way of doing business, where small and medium enterprises can thrive together and help create real change in their communities. We want our borrowers to feel empowered, take an active role in reaching their economic goals and be a part of the solution.

We have created a platform where the SMEs and also the bank can enter in order to exchange information between them.

Para empresas que han sufrido dolores de cabezas a raíz de derechos de autor por música para sus proyectos o que no pueden conseguir de manera consistente talento que puedan satisfacer sus necesidades, encontramos en el proceso de investigación esta maravillosa plataforma Aiva.ai (2023). Fue creada en el 2016 y se especializa en la composición de música clásica y música sinfónica. Se convirtió en el primer compositor artificial del mundo en ser reconocido por una sociedad de música.

Tras leer una gran colección de música clásica (escrita por compositores como Bach, Beethoven y Mozart) AIVA empezó a ser capaz de detectar regularidades en la música, y bajo esta base, componer por sí mismo. El algoritmo de AIVA se basa en arquitecturas de *machine learning* y *deep learning*. Desde enero de 2019, la compañía ofrece un producto comercial, *Music Engine*, capaz de generar composiciones cortas (hasta 3 minutos) en varios estilos musicales (rock, pop, jazz, tango, etcétera). Es muy probable, que un nutrido grupo de compositores y artistas se puedan sentir amenazados con plataformas como la que estamos hablando y es perfectamente entendible. Puede parecer que las fuerzas artísticas pudieran ser borradas de una sola pasada a partir de este tipo de tecnologías, sin embargo, lo que se ha visto y en mi muy personal opinión, creo que se debería de trabajar en conjunto con esto por el bien de todos los grupos de interés. Es un muy buen momento para reinventar industrias de corte más tradicional. Tiene un modelo de negocio *freemium*, pero pagando $ 0 pesos se puede comenzar a explorar y utilizar esta plataforma.

Siguiendo con la exploración de soluciones actuales y funcionales para nuestras empresas, descubrimos una de las que más me ha maravillado en mis últimos años. Plataformas que parecen sacadas de mismísimas series de Hollywood, sin embargo, tan sencillas y funcionales que agregué uno de los ejemplos que ejecuté en menos de dos minutos. Tanto el proyecto DALL·E 2-OpenAI (2023), así como NightCafé (2023), son plataformas de base tecnológica que crean arte, increíbles imágenes y más a partir de palabras, de descripciones de lenguaje natural y que sobrepasa todo lo que hasta ahora habíamos conocido como creaciones artísticas.

Específicamente en las pruebas que hice para entender más a fondo la interacción, entré en la página de NightCafé (2023) y procedí a escribir las primeras 4 palabras (en inglés) que me vinieron a la mente: *shiny* (brilloso), *beach* (playa), *night* (noche), *psicodelic* (psicodélico). Esperé algunos minutos y de repente apareció una increíble imagen procesada totalmente por una serie de algoritmos que desafía la concepción de belleza que tengo. El precio por la generación de esta imagen fue de $ 0 pesos.

Figura 3

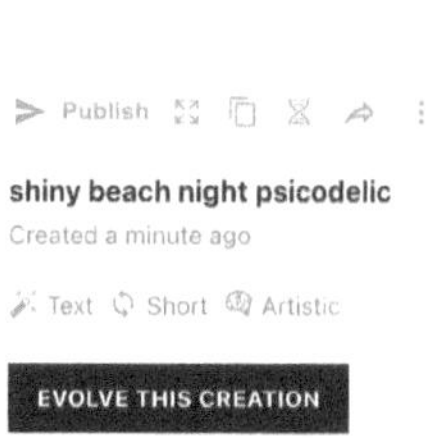

Fuente: NightCafé (2023).

Por cierto, complementando lo platicado anteriormente, la inmersión en la que ya estamos con la inteligencia artificial es tal que a veces ni siquiera sabemos que la utilizamos día a día. Un buen ejemplo es cuando se dan de alta en alguna plataforma o app y se solicita el famoso **CAPTCHA**, que son las siglas para "**C**ompletely **A**utomatic **P**ublic **T**est to **T**ell **C**omputers and **H**umans **A**part; Prueba pública completamente automática para diferenciar a las computadoras de los humanos". Interesante, ¿cierto?

Comparto además, una compilación de Ricardo Temple, en Twitter, dónde encontraremos herramientas web con grandes funcionalidades (Temple, 2022):

1. **Animador de fotos antiguas:** carga una foto antigua y mira como esta IA le da vida. Esta IA detecta los rasgos faciales en las fotografías y sus algoritmos se encargan de dar movimiento a las áreas de los ojos, la boca y el rostro en general (MyHeritage, 2023).

2. **Crea videos con IA:** crea videos con avatares y voces de inteligencia artificial. Esta herramienta te ayudará si no quieres salir en tus videos promocionando tus productos o exponiendo. Elige el avatar, escribe el texto y listo. Totalmente gratis (Synthesia, 2023).

3. **Texto automático:** esta IA creará todo el texto que desees para tu Blog, ficha de producto, anuncios, sitio web y más. Solo debes indicar la temática, la plataforma para que lo deseas y el "tono" de tu mensaje. Aprovéchala que es **gratis** (Writesonic, 2023).

4. **Dibujos a partir de trazos:** esta IA reconoce los trazos y bocetos brindándote opciones con base a sus algoritmos de aprendizaje automático (AutoDraw, 2023).

5. **Anima dibujos y bocetos:** carga un dibujo y anímalo con la siguiente herramienta. Podrás animar cada extremidad de tu dibujo (Animated Drawing, 2023).

6. **Esa persona no existe:** esta IA crea fotografías de personas que no existen. Su algoritmo mezcla diferentes rasgos físicos para crear imágenes hiperrealistas. Solo debes refrescar (actualizar) el sitio cada vez que quieras una nueva imagen. (Stability, 2023).

7. **Imágenes a partir de texto:** esta IA crea imágenes a partir de un texto (en inglés). Puedes escribir lo que se te ocurra y la IA intentará plasmarlo en una serie de imágenes (Craiyon, 2023).

8. **Fotografías perfectas:** está herramienta reconoce los objetos que deseas borrar de tus fotografías: remueve objetivos de las fotos,

repara fotografías antiguas, borra las imperfecciones y muchos más… Totalmente **gratis**. (Inpaint, 2023).

9. **Habla y llévalo a texto:** ¿cansado de escribir? Esta herramienta escribirá todo lo que le dictes con una precisión espectacular. Puede agregar párrafos, signos de puntuación y emoticonos mediante comandos de voz. Reconoce más de 50 idiomas (Dictation, 2023).

10. **Separa los distintos sonidos de un audio:** extrae voces, acompañamiento e instrumentos de cualquier audio y video. Un servicio de separación de fuente de música y removedor de voz de última generación para una extracción rápida, fácil y precisa (Lalal, 2023).

Algunas otras interesantes recomendaciones que nos hicieron los expertos para adentrarnos en el mundo de la inteligencia artificial fueron los siguientes:

- Kohs, G. (Dir.). (2017). *Alpha Go* [documental]. Netflix.
- McCandless, D. (2010). The beauty of data. *Ted Talk.*
- Towards Data Science (2023).
- DataDrivenInvestor (2023).

Cómo la inteligencia artificial le puede agregar valor a las Pymes

Ahora que ya estamos un poco más empapados de cómo funciona la inteligencia artificial y el *machine learning* podemos profundizar un poco más al considerar que se puede implementar esta tecnología en alguna (o algunas) de las áreas de nuestras empresas. No solo las grandes corporaciones pueden hacerlo, como lo hemos visto a lo largo de este capítulo, cada vez está más democratizada esta tecnología. Como uno de los expertos, Juan Carlos González, en la materia me compartió "Las empresas deben de tener las mejores herramientas para su talento, que su dinero pueda comprar".

De manera general se estiman once departamentos que componen de manera común las empresas de México y Latinoamérica; Dirección general, compras, almacén, logística, producción, mercadotecnia, comercial, I+D, administración y contabilidad, finanzas y recursos humanos. Entendemos perfectamente que pueden ser más o menos y que los organigramas pueden cambiar así como los nombres de los departamentos, sin embargo, la idea de este texto es sembrar la semilla de curiosidad sobre la posibilidad real de aplicar la inteligencia artificial en nuestras empresas. Evidentemente no podrán aplicarse en todas las áreas y no al mismo tiempo, pero si solo una de las áreas puede verse beneficiada y creas recorte de gastos e incremento en la rentabilidad, ya valió la pena.

Una correcta implementación de *machine learning* en una empresa, tiene un infinidad de ventajas competitivas y es que reduce significativamente los errores y maximiza la eficiencia por mucho. Las Pymes actualmente no están utilizando la inteligencia artificial porque no saben que está tan a la mano. La mayoría de los empresarios en México asumen que es tecnología costosa y muy sofisticada, del mismo modo sus operaciones en el día a día les consumen mucho el tiempo. Los empresarios deberán de establecer de manera muy concreta su estrategia (esto con el fin de buscar los datos en el lugar específico) en específico y que esta sea el punto de partida para la elección de la tecnología y generación de lo que quiere lograr con esta, es decir, en que le va a agregar valor a su principal negocio.

Los empleados le tienen miedo a la inteligencia artificial principalmente por desconocimiento y no se les puede culpar. Ni siquiera los más expertos dentro de sus organizaciones tienen muy claro que pueden aplicar esta tecnología. Como sucede con todo lo "nuevo" y desconocido, lo que causa es temor. Una buena idea que debe de comenzar a rondar entre los directivos de las organizaciones debería de ser convertir en perfiles de negocio o comerciales a perfiles técnicos. Esto reto evidentemente se antoja complejo y pudiera inclusive atentar contra la cultura empresarial actual, sin embargo, debemos recordar la lo sucedido con la sociedad posindustrial donde un cambio tecnológico, como lo fue la invención de la producción en serie del Ford T (1908) desató el cambio de toda una generación que a la fecha subsiste.

Algunos de los puntos que vale la pena considerar al planear esto son los siguientes:

1. Conseguir aliados estratégicos ideales. Tener métricas claras, gobierno de datos (es decir, políticas de datos) que regulen cómo se recopilan, almacenan, procesan y eliminan los datos. Rige quiénes pueden acceder a qué tipos de datos y cuáles de estos están sometidos al gobierno), analítica.

2.   El primer diagnóstico debe de ser de un externo.

3.   Hacer o adquirir plataformas de analítica. Si tu principal negocio no es vender la data, adquiérelo.

4.   Suma al equipo a un ingeniero de datos.

La inteligencia artificial tiene que ver con predicciones y para esto la materia prima son los datos. Los lenguajes Python y R son los más utilizados para la generación de *machine learning*, pero es relevante hacer hincapié en la sugerencia de primero: definir cuál es el estado deseado y definir alcances puntuales. La "red de túneles", que datos tengo y qué costos me va a implicar y desarrollar un presupuesto. Solo entonces creas tu estrategia. Empieza a aprender a bajo costo. Los líderes del proyecto no deben de ser ingenieros especializados sino entender que están buscando y generar las condiciones para tener todo lo que requieran los expertos cuando sea el momento de contratarlos. No te pongas al tú por tú con empresas que están más adelantadas. Empieza fácil: analiza tus datos, entiende, acomoda, combínala con otras bases de datos que ya en contraste agreguen valor. Orienta al equipo de trabajo en funciones de la estrategia –simple, alcanzable y realista–. Las oportunidades de la AI está al alcance de todos, es cuestión de generar una estrategia de datos y ponerla en marcha.

La implementación del *machine learning* en una compañía es un proceso iterativo, y es muy difícil –sino imposible– hacer que funcione a la primera. Se debe de jugar una apuesta de confianza. El desarrollo de esta implementación, como sucede con casi todas las implementaciones de base tecnológica y que toque la cultura de la empresa, debe de ser multidisciplinaria, es decir, todos los departamentos deben de estar involucrados; principalmente, debe de permear de los directivos hacia abajo en el organigrama. Aun cuando se tengan muchos datos, si no se tienen acomodadas y con un proceso claro para seguir su proceso de acomodo, puede ser contraproducente y confundir más de lo que pueda ayudar. Uno de los principales desafíos al querer implementar la inteligencia artificial, sin lugar a dudas es la personalización de los modelos y esto sucede primordialmente porque no se responde la pregunta más básica –pero más importante–: ¿cuál información deseo obtener y para qué? ¿Está alineada esta información a mi estrategia empresarial? ¿Para qué periodo? ¿1 año? ¿5? ¿15?

Como definición muy básica podemos entonces aducir que la principal razón por la que queremos tener inteligencia artificial en nuestra empresa es para escalar la eficiencia. ¿Se necesita entonces la inteligencia artificial para lograrlo o se puede resolver con algoritmos y procesos que no sean tan complejos? –Probablemente a partir de esa solución carente de inteligencia artificial, se pueda generar suficiente información para proceder en una siguiente etapa la aplicación de *machine learning*–, de manera recurrente nos encontramos que mucho empresarios lo implementan porque "es sexy" compartir que tienen una empresa con algoritmos de inteligencia artificial y tienen razón, sin embargo, ¿son funcionales? ¿Los están aplicando de manera correcta para el fin que desean? Si la información no se tiene o sí se tiene, pero no está organizada de forma adecuada, esos algoritmos no están generando los *outputs* esperados para poder escalar la eficiencia de la empresa.

En su mayoría las Pymes no tienen ni la información ni los procesos para poder generarla y es por allí por donde deberán de empezar. No es caro, al contrario, considero que sería uno de los proyectos más rentables en los que podrían invertir. Existe un gran problema y es que todos los días se pierde esa información (SAT, 2021). En 2021, se emitieron 8 mil 743 millones de facturas, lo que implicó que se procesaran en promedio 277 facturas por segundo. De 2005 a diciembre de 2021, se emitieron un total de 64 mil 429 millones de facturas; desde 2011, año a partir del cual se tiene registro de los emisores, 10 millones 451 mil 106 de contribuyentes han emitido al menos una factura electrónica.

Figura 4

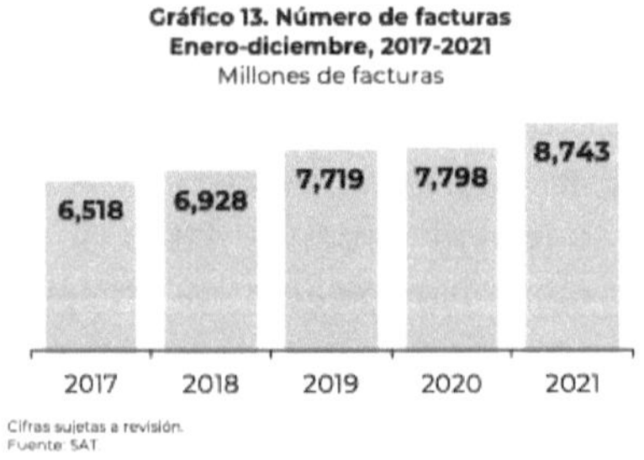

Gráfico 13. Número de facturas
Enero-diciembre, 2017-2021
Millones de facturas

2017	2018	2019	2020	2021
6,518	6,928	7,719	7,798	8,743

Cifras sujetas a revisión.
Fuente: SAT

Cuadro 17. Contribuyentes y facturas
Histórico anual acumulado

Año	Emisores únicos	Facturas (millones)
2017	7,297,302	33,242.1
2018	8,142,010	40,170.1
2019	8,997,943	47,888.6
2020	9,700,844	55,686.4
2021	10,451,106	64,429.5

Nota: Los datos son acumulados históricos desde 2011 para el número de emisores y desde 2005 para el número de facturas. Cifras sujetas a revisión.
Fuente: SAT.

Fuente: SAT, 2021.

La información que se genera a partir de los ERPs (Enterprise Resource Planner, por sus siglas en inglés, o Sistema de planeación y administración de la empresa), CRM (Customer Relationship Manager, por sus siglas en inglés, o sistema de administración de los clientes), y demás softwares de administración que se utilizan en las empresas, debería además de ordenarse y almacenarse para su posterior uso de manera correcta, debería idealmente "cruzarse" con fuentes como el SAT, Buró de Crédito, Facebook Business, WhatsApp Business, Factset, Bloomberg entre otras fuentes de información estructuradas.

Dirección general

Las funciones en general de la dirección general se basan en la creación de estrategias, planes así como programas de desarrollo institucional. De manera tradicional el objetivo es la generación de riqueza al alcanzar los objetivos financieros definidos en conjunto con los accionistas. En los tiempos modernos se incluye el alinear esos objetivos financieros con objetivos de impacto socio ambiental. Esas empresas de vanguardia buscan combatir las problemáticas sociales y ambientales mientras generan más riqueza. En resumidas cuentas, la inteligencia artificial genera, después de un complejo proceso algorítmico, información muy relevante y con poco margen de error para que el equipo directivo de las empresas puedan tomar las mejores decisiones. A final de cuentas, ese es el trabajo de los directivos.

Almacén

Entre otras de las funciones del departamento de almacén y dependiendo del giro de la empresa se encuentran la recepción y almacenamiento de la mercancía, control de inventario, conservación y mantenimiento de los productos así como la gestión y preparación de pedidos (Locus Robotics, 2023).

A medida que la tecnología avanza y se revela la importancia de suplir la mano de obra humana con robots. Cuando se introducen robots en un almacén, los asociados del almacén podrían temer que sus trabajos sean desplazados por los bots, creando lo que se conoce como una "fábrica de luces apagadas". Una fábrica de luces apagadas es una que está completamente automatizada, sin trabajadores humanos.

Durante un panel reciente de MassRobotics, "El futuro del trabajo: trabajos en la era de la robótica", el panelista Ira Moskowitz, director ejecutivo del Instituto de Robótica Avanzada para la Fabricación (ARM, por sus siglas en inglés de Advanced Robotics for Manufacturing Institute), disipó ese miedo y admitió que la narrativa existe. Afirmó que en sus 30 años de trabajo en el sector, nunca ha visto a alguien desplegar robots en una instalación para reemplazar a una persona. En cambio, los robots asumen las tareas mundanas o peligrosas, dejando que los humanos sigan trabajando en diferentes tareas.

En ese mismo panel, Julie Shah, directora del Grupo de Robótica Interactiva (Interactive Robotics Group) del Laboratorio de Ciencias Informáticas e Inteligencia Artificial del MIT, señaló que tuvo una conversación con una fábrica que estaba trayendo robots a sus instalaciones. Surgió la pregunta de "¿El objetivo es una fábrica de 'luces apagadas'?", y una persona de la fábrica respondió que eso no sucedería, ya que una fábrica sin gente es una fábrica sin innovación. Shah añadió a la declaración de Moskowitz que la tecnología robótica no quita puestos de trabajo. En cambio, realiza las tareas manuales que los humanos no necesitan hacer y mejoran las capacidades humanas.

No hay que temer a la tecnología

Los asociados del almacén también temen que si los robots no los reemplazan, no podrán descubrir cómo trabajar con los robots debido a la nueva tecnología.

Tom Ryden, director ejecutivo de MassRobotics, proporcionó esta analogía en el panel sobre la tecnología robótica y un tractor, y pidió al público que pensara en un tractor de hace años. Tenía dos pedales, como un coche, y era fácil de conducir si sabías manejar un coche. Hoy, si te subes a un tractor para conducirlo, encontrarás un tablero de tecnología que es completamente diferente a un automóvil. Para poder conducir un tractor, tienes que estar entrenado. Lo mismo ocurre con la robótica: los trabajadores deben recibir capacitación sobre cómo usar la tecnología.

El Secretario de Trabajo de los Estados Unidos, Marty Walsh, declaró: "No debemos tener miedo a la tecnología". En cambio, el enfoque debe estar en asegurarse de que los jóvenes que se gradúan tengan una manera de comprender y trabajar con soluciones robóticas, para que no teman a la tecnología.

Si bien existen soluciones robóticas en almacenes que requieren una capacitación profunda, hay otras que no. Un ejemplo es la solución

Locus. Con Locus Robotics, los asociados del almacén pueden capacitarse en solo minutos. Con otras soluciones, el tiempo de capacitación puede requerir una semana o más.

Menos caminar para los asociados

Para los trabajadores del almacén, hay muchos beneficios de trabajar con robots móviles autónomos (RMA), incluido el factor "genial" y el tiempo de capacitación rápido, pero uno de los principales beneficios es hacer que sus trabajos sean menos extenuantes. Mike Johnson, presidente de Locus Robotics, señala que los asociados de los almacenes tradicionales tienen que caminar entre 12 y 14 millas por día. Cuando una instalación integra RMA, como la solución Locus, los bots hacen la mayor parte del recorrido mientras los asociados permanecen en una sección.

A los asociados del almacén les encanta trabajar con RMA. De hecho, una asociada le dijo a su vicepresidente de recursos humanos que cuando se va a casa al final del día, ya no le duelen los pies como antes de que trajeran los LocusBots. Otra asociada le dijo a su gerente que trabajar con los LocusBots le devolvió la energía que necesitaba "para ser la madre que se suponía que era", porque ya no tenía que recorrer millas todos los días.

Brian Lemerise, director ejecutivo de Quiet Logistics, dijo que sus asociados de almacén piensan en los robots colaborativos (cobots) como si fueran sus compañeros de trabajo y les encanta trabajar junto a los LocusBots.

Lemerise afirmó: "Con LocusBots, los empleados del almacén no tienen que tirar de carros pesados, transpaletas o cajas llenas de productos. En cambio, solo caminan productivamente de un robot a otro, realizando sus tareas".

Comercial

Las funciones del departamento de ventas van más allá de vender los productos o servicios de la empresa, ya que asumen tareas como planeación, ejecución y control de actividades para alcanzar un mejor funcionamiento de todo el negocio.

En el futuro, la automatización de procesos robóticos y las formas de inteligencia artificial se fusionarán cada vez más. Se pueden usar diferentes tecnologías una al lado de la otra para realizar la misma tarea debido a su capacidad de complementarse entre sí.

Este tipo de operación conjunta está muy bien ilustrado por una situación de servicio al cliente en la que el cliente se comunica primero con un representante de servicio al cliente de AI, a través de una función de chat o hablando. Durante el proceso, el cliente recibe recomendaciones y sugerencias sobre productos con la ayuda de algoritmos de aprendizaje automático. Finalmente, un robot de software gestiona el pedido del cliente automáticamente y envía una confirmación de pedido que da cuenta del perfil del cliente y la situación del servicio de forma natural.

El término *Churn model* será cada vez más escuchado y se refiere a la susceptibilidad de perder o no clientes. Esto definitivamente es un tema muy relevante para la parte comercial y puede ser atendido si se lleva un buen proceso de *machine learning*. Otra de las bellezas de la ciencia de datos e inteligencia artificial. Conceptos ampliamente conocidos en el mundo del marketing, tales como *Cross selling* y *Up selling*, toman nuevas dimensiones. El primero de ellos, nos remite a las compras relacionadas o no, que se estudian desde hace años a partir de la observación. Por ejemplo, en un supermercado, junto a los pañales, es frecuente encontrar cervezas. Se descubrió que con frecuencia, los padres (hombres) al comprar pañales los viernes por la noche también compraron cervezas (Juntian, 2014). Existe por allí una especie de leyenda urbana al respecto, pero igual la correlación es una realidad. Sin embargo, lo que no se puede dudar es que a partir del *machine learning* esto toma cada vez más relevancia a partir del CDP (Customer Data Platform).

Conclusiones

El año 1991 creó un parteaguas para el diseño gráfico. Existe un antes y un después en esa carrera a raíz de la creación del Photoshop. Antes de eso era papel y lápiz. Algo muy similar está ocurriendo en estos momentos con la inteligencia artificial aplicada a los negocios. En algunos años no vamos a poder imaginarnos tomar decisiones ni ejecutar tareas repetitivas con altos índices de error. Y si es que por algún lugar debemos de comenzar debería de ser por los datos que poseemos de nuestra empresa históricamente. Para empezar la data debe de ser resguardada. Todos los datos que actualmente tienen la mayoría de las empresas, no se encuentra almacenada de manera correcta. Tienen una mina de oro, pero muy desordenada. Lo primero es buscar los servicios de un ingeniero de datos que ayude a acomodar todos los datos de manera correcta y diseñar un proceso para que de manera sistemática, estos se almacenen correctamente para el futuro.

Uno de los expertos con los que tuvimos la oportunidad de platicar hizo una interesante analogía. Tenemos que la **estrategia** son el pico y la pala que se requieren para ir a la mina correcta, esta mina representa el universo de los datos y lo que buscamos encontrar allí es la joya, representación de la información correcta y relevante para la toma de decisiones.

Dicen los especialistas que el 80 % de las veces que son contratados para una consultoría sobre *machine learning* o inteligencia artificial, se encuentran que su principal problemática es que la data no está disponible de la manera correcta.

Primero un ingeniero de datos y después un científico de datos. El 80 % en un proyecto de *machine learning* es el acomodo de los datos. No tengo pruebas, pero tampoco tengo dudas, como dice el experto. En vez de temerle a la inteligencia artificial hay que temerle no contar con ella.

En la mayoría de las Mipymes existen personas que tienen muy centralizada la información. Lo primero es definir que esta se debe democratizar y que el dueño de la misma es la empresa. La inteligencia artificial tiene la capacidad de interrelacionar cosas de las que nosotros como humanos somos incapaces siquiera de percibirlo. Es una especie de paradoja en donde la decisión de la data actual con el entendimiento para su ejecución en el futuro, puede definir el éxito de la empresa.

La inteligencia artificial carga con la promesa de transformar la mayoría de las industrias. Es capaz de generar una experimentación nunca antes vista ni lograda en los procesos de aceleración y adopción. En el proceso de la experimentación científica se antoja sencilla y de mucha adaptabilidad. Este proceso termina generando el empoderamiento de los empleados con todas las bondades que esto conlleva; mejora en su situación económica, prosperidad en el tema familiar y crecimiento personal. Es un pecado que en pleno 2022 las personas sigan haciendo lo que una máquina podría hacer mejor, más rápido y a una fracción del costo. Ya existen esos algoritmos y son perfectos para hacerlo. Las capacidades de las personas deben de enfocarse en actividades más creativas y que agreguen más valor a sus grupos de interés (clientes, proveedores, accionistas, empleados). ¡Bienvenida sea la inteligencia artificial al mundo de las Pymes!

Referencias

Artículos, capítulos y libros

Mueller, J. P. y Massaron, L. (2021). *Artificial Intelligence* (2ª. ed). For Dummies.

Recursos electrónicos

Aiva. (2023). Página web oficial. https://www.aiva.ai/

Animated Drawing. (2023). Página web oficial. https://sketch.metademolab.com

AutoDraw. (2023). Página web oficial. https://autodraw.com

Basu, T. (2019, septiembre 10). ¿Por qué Alexa se ha convertido en el mejor amigo de la tercera edad? *MIT Technology Review.* https://www.technologyreview.es/s/11417/por-que-alexa-se-ha-convertido-en-el-mejor-amigo-de-la-tercera-edad

Copy.ai. (2023). Página web oficial. https://www.copy.ai/

Craiyon. (2023). Página web oficial. https://craiyon.com

DALL·E 2-OpenAI. (2023). Página web oficial. https://openai.com/product/dall-e-2

DataDrivenInvestor. (2023). Página web oficial. https://www.datadriveninvestor.com/

Dictation. (2023). Página web oficial. https://dictation.io

Grammarly. (2023). Página web oficial. https://www.grammarly.com/

Instituto Nacional de Estadística y Geografía (Inegi) (2022, junio 23). *Demografía de los establecimientos MiPyme en el contexto de la pandemia por Covid-19, Comunicado de Prensa Núm. 335/22* [Archivo PDF].

Inpaint. (2023). Página web oficial. https://theinpaint.com

Lalal. (2023). Página web oficial. https://lalal.ai

Locus Robotics. (2023). Página web oficial. https://locusrobotics.com/robots-arent-taking-jobs-away/

Luschek, M. (2015, mayo 31). Ray Kurzweil's Predictions for the Next 25 Years. *Geek News Central.* https://geeknewscentral.com/2015/05/31/ray-kurzweils-predictions-for-the-next-25-years/

McCandless, D. (2010). The beauty of data. *Ted Talk.* https://www.ted.com/talks/david_mccandless_the_beauty_of_data_visualization

MyHeritage. (2023). Deep Nostalgia. *MyHeritage.es.* https://myheritage.es/deep-nostalgia

NightCafé. (2023). Página web oficial. https://nightcafe.studio/

Ramírez, F. (2018, julio 20). Historia de la IA: Frank Rosenblatt y el Mark 1 Perceptrón, el primer ordenador fabricado específicamente para crear redes neuronales en 1957. *Think Big.* https://empresas.blogthinkbig.com/historia-de-la-ia-frank-rosenblatt-y-e/

Redacción (2016, marzo 25). Tay, la robot racista y xenófoba de Microsoft. *BBC News Mundo.* https://www.bbc.com/mundo/noticias/2016/03/160325_tecnologia_microsoft_tay_bot_adolescente_inteligencia_artificial_racista_xenofoba_lb

Rius, M. (2017, octubre 24). Así es como la inteligencia artificial te puede estar discriminando. *La Vanguardia.* https://www.lavanguardia.com/vida/20171024/432320320392/inteligencia-artificial-sexismo-racismo-discriminacion.html

Servicio de Administración Tributaria (SAT). (2021). Página web oficial. www.sat.gob.mx

Stability. (2023). Página web oficial. https://thispersondoesnotexist.com

Synthesia. (2023). Página web oficial. https://synthesia.io

TED Conference (2023). Garry Kasparov. Grandmaster, analyst. *Ted ideas Worth spreading.* https://www.ted.com/speakers/garry_kasparov

Temple, R. [@RicardoTemple_]. (2022, septiembre 27). *10 Inteligencias Artificiales (IA) Gratuitas que deberían ser ilegales por las cosas que puedes lograr con ellas. Twitter.* https://twitter.com/RicardoTemple_/status/1574822858353778690?s=20&t=5ufLX9H26OZEpJoIDGUmPg

Towards Data Science. (2023). Página web oficial [Blog]. https://towardsdatascience.com/

Viewnext. (2019). Descubriendo a Watson. Funcionalidades principales. *Viewnext.* https://www.viewnext.com/watson-funcionalidades/

Writesonic. (2023). Página web oficial. https://writesonic.com

Películas

Garland, A. (Dir.). (2014). *Ex Machina* [Película]. DNA Films.

Kohs, G. (Dir.). (2017). *Alpha Go* [documental]. Netflix.

Tyldum, M. (Dir.). (2014). *El código enigma* [Película]. Black Bear Pictures.

LA HUMANIZACIÓN EMPRESARIAL DE LA INTELIGENCIA ARTIFICIAL ¿SERÁ POSIBLE LOGRARLA EN EL MARKETING?

Javier Alejandro Romero Bazúa
José-Domingo Lázaro Álvarez
Universidad Panamericana

Resumen

La imparable evolución de la tecnología, combinada con el creciente volumen de información disponible, está abriendo oportunidades empresariales que eran impensables hace tan solo unas décadas.

En la base de esas oportunidades brilla con singular relevancia la aparición y masificación de la *big data* como recurso imprescindible para tomar mejores decisiones empresariales, entendiendo este recurso como el acopio, interpretación, administración y posterior aprovechamiento de una ingente cantidad de datos acerca de clientes, colaboradores o competidores, tarea que ocupa hoy un tiempo considerable de acción directiva de gerentes, directores y propietarios de empresa.

No obstante, es en la relación de la *big data* con potentes algoritmos donde las oportunidades empresariales se potencian hasta límites difícilmente imaginables, dando lugar al germen de una nueva inteligencia capaz de hacer cálculos y operaciones de una forma extraordinariamente rápida y certera, desbordando y replanteando las competencias y habilidades que posee actualmente la humanidad.

Esta nueva inteligencia es de naturaleza artificial y, por consiguiente, completamente disruptiva, siendo capaz de romper con cualquier paradigma humano, al revolucionar el diseño y administración de programas, procesos y máquinas que ahora son capaces de manifestar comportamientos considerados inteligentes a partir de una serie de reglas e instrucciones que se concretan en poderosos algoritmos, cuya función es replicar ideas, pensamientos y conocimientos humanos en dispositivos físicos o digitales.

Conscientes de la magnitud del desafío, así como del potencial de las oportunidades mercadológicas que de él se derivan, en este capítulo pretendemos analizar las posibilidades de humanizar a la inteligencia artificial o, lo que es lo mismo, las alternativas reales de que el ser humano y los algoritmos puedan construir una relación exitosa en el ámbito del marketing, invitando a los lectores a una sugestiva e inquietante reflexión que los lleve a repensar no solo el futuro de su trabajo y de su organización, sino también el futuro de la misma humanidad.

Palabras clave: *big data*, inteligencia artificial, estrategia, marketing, competitividad.

Introducción

Desde sus más lejanos orígenes, el ser humano ha perseguido siempre mejorar su bienestar personal y el de su comunidad, lo que lo ha llevado a evolucionar sus habilidades en el campo científico, técnico o artístico.

De tal forma, el desarrollo de nuestra especie es inexplicable sin tener en cuenta el conocimiento y habilidades que hemos ido descubriendo y experimentando a lo largo de múltiples y diversas generaciones.

Estos hallazgos y experimentos se han concretado en hitos como la agricultura, la ganadería, la navegación, la máquina de vapor, la electricidad, la física, la química, la energía nuclear, la computación, las telecomunicaciones, la genética o la robótica, las cuales se han ido incorporando a la esfera íntima y profesional, causando una revolución gradual en la industria y en el comercio.

El crecimiento del Reino Unido entre 1760 y 1840 provocó un fuerte desarrollo tecnológico que el historiador inglés, Arnold Toynbee, fue el primero en denominar "Revolución Industrial", precisamente con el propósito de explicar el periodo de ruptura y evolución que se vivió en el ámbito de la economía. Durante este periodo se introdujo la mecanización en la agricultura y también se modernizó la industria textil, apareciendo nuevos medios de transporte o distribución como los barcos de vapor o los trenes, así como nuevas máquinas, tales como el telar mecánico. Estos cambios causaron impactos positivos en la sociedad y en la economía, transformando, a su vez, las condiciones de trabajo.

La segunda Revolución Industrial se inició en la década de 1850 y se extendió hasta 1914, coincidiendo con el inicio de la Primera Guerra Mundial. Esta vez, los avances industriales se detonaron en Alemania,

Francia o Estados Unidos. En esta época se desarrollaron nuevas formas de energía, como la electricidad que reemplazó al carbón.

La tercera Revolución Industrial surgió en la segunda mitad del siglo XX, se suele asociar al concepto de "sociedad de la información" y fue liderada por Estados Unidos y Japón. Esta nueva transformación se basó sobre nuevas tecnologías de la información y la comunicación, en especial Internet, alcanzándose nuevos niveles de interactividad.

Sin embargo, el momento que estamos viviendo no puede interpretarse ya bajo los estándares de las tres revoluciones anteriores. No en vano, actualmente somos protagonistas de una nueva era de innovación que está transformando los modelos de producción y comercialización, dando lugar a una espectacular mejora en la eficacia y eficiencia de los recursos disponibles en una organización. Esta nueva era es lo que conocemos como cuarta Revolución Industrial.

La cuarta Revolución Industrial

Como ya hemos mencionado anteriormente, la cuarta Revolución Industrial está caracterizada por la gestación y masificación de tecnologías emergentes orientadas a maximizar la eficacia y la eficiencia de las organizaciones, destacando entre ellas la *big data*, el internet de las cosas, la realidad virtual, aumentada y la combinación de ambas en la realidad mixta, la fabricación aditiva, los vehículos autónomos, los sistemas ciberfísicos, la inteligencia artificial o el *machine learning*, siendo todas estas innovaciones integrantes de lo que se ha venido en conocer como "Industria 4.0".

El concepto de Industria 4.0, aparece en Alemania en 2011, para hacer referencia a una política económica basada en las tecnologías propias de la cuarta Revolución Industrial y está claramente orientada a la automatización, la digitalización de los procesos y el uso de las tecnologías de la electrónica y de la información en distintas industrias.

Esta nueva orientación moderniza profundamente las ideas previas sobre personalización, prestación de servicios o valor agregado, incrementando exponencialmente las capacidades estratégicas de una empresa a través de un renovado contacto e intercambio de información entre personas y máquinas.

De tal manera, la Industria 4.0 rompe con los paradigmas del pasado, pues aúna todas las tecnologías de la cuarta Revolución Industrial y las hace trabajar de manera combinada a través de la generación y sistematización de la *big data*, situación que se potenciará con el advenimiento del Internet de las cosas y que vivirá su auge con la inteligencia artificial, desencadenando cambios trascendentales en todas las industrias y también en el comportamiento del consumidor y en la forma de establecer procesos de negocio.

A colación, es importante destacar que, con la llegada de Industria 4.0, las máquinas serán capaces de comunicarse entre sí para recibir, transmitir e interpretar información lo que les permitirá desarrollar determinadas tareas operativas y estratégicas; mientras los productos serán inteligentes gracias al Internet de las cosas, creando grandes cantidades de datos, almacenándose estos grandes volúmenes de información en la computación en nube.

Para entender mejor el epicentro de esta revolución, explicaremos con más detalle sus tecnologías clave:

> **Internet de las cosas (*Internet of things*, IoT):** esta tecnología consiste en que cada producto tenga integrado un sensor, softwares y diversas tecnologías con el objetivo de intercambiar información con otros dispositivos a través del internet. Esto significa que se pueden conectar personas, objetos y procesos, con la idea de solucionar diversas situaciones para el bienestar de las personas. Por ejemplo, la marca de acumuladores LTH sabe con exactitud dónde se encuentra su producto final, desde que sale como producto terminado desde la planta de manufactura hasta que va en el automóvil del consumidor. ¿Qué beneficio se tiene con esto? LTH le puede enviar una notificación al conductor para informarle cuándo le toca reemplazo del acumulador y esto permitirá que esta persona no tenga problemas de quedarse sin batería. El IoT está diseñado para anticiparse a las necesidades de los clientes, para garantizar abastecimiento previo de soluciones, fabricar productos de una manera óptima, para lograr menos desperdicios y mermas, optimizar procesos de logística y fabricar lo que realmente se va a consumidor.

> **Impresión 3D:** diversos estudios han demostrado que la forma de fabricar algunos de los productos está cambiando, esto derivado de algunas necesidades muy concretas de la industria. Se habla de que en unos cuantos años, el 10 % de los productos que se consumen en la actualidad, tendrán alguna parte impresa en

3D (Lucía C., 2015). Este tipo de fabricación se logra con diversos materiales de adición a través de una impresora y se obtienen resultados muy favorables en términos de precio, tiempo y facilidad de uso. Entre las industrias que están utilizando esta tecnología, se pueden encontrar, autopartes automotrices, medicina, arquitectura, joyería, calzado, ingeniería civil, diseño industrial entre otros. Una de las grandes ventajas de esto es la personalización de los productos, ya que lo puedes diseñar con el material, tamaño y forma que se necesite, en un corto plazo y a un costo bajo. Cada vez es más común, que los consumidores tengan en su casa una impresora 3D para diseñar e imprimir objetos personales, tales como, juguetes, llaveros, artículos de oficina y decoración, entre otros.

Redes móviles: tal es el caso, de la tecnología móvil 5G, que consiste en conectar miles de millones de dispositivos, de una manera mucho más rápida, se podrá consultar una página web de una forma inmediata y las personas recibirán notificaciones en donde quiera que estén, no habrá límites de conexión. Esto logrará que todos estén conectados a todo, personas y cosas (IoT), durante todo el día, en todo momento y en un instante de tiempo. Esta nueva forma de comunicarnos logrará ser más eficientes para una mejor calidad de vida de las personas, ya que todo avance tecnológico tendrá su razón de ser, si y solo si, está enfocada a las personas y su forma de vida. Por ejemplo, las autopistas podrán registrar los autos que circulan y registrar una data que sirva para diferentes industrias para la toma de decisiones. Una persona logrará identificar qué productos están a punto de caducar en su refrigerador para ser reemplazados. Esta tecnología se está implementando en ciudades llamadas "Smart City", donde se caracterizan por cinco aspectos: movilidad, gobernanza, sustentabilidad, inclusión social y tecnología, y en este último es donde interviene la red 5G.

Realidad aumentada (RA): se considera como un catalizador de innovación, ya que representa que la compañía esté a la altura de las necesidades actuales y anticipándose a las futuras, por ejemplo, un vendedor de automóviles podría mostrar el funcionamiento del vehículo a través de un código QR (*quick* *response*), esta sería una gran experiencia para los amantes de la ingeniería automotriz. También incrementa la competitividad de la empresa, debido a que la RA se ha convertido en un requisito para lograr ser competitivo en algunas industrias. Además, contribuye a un posicionamiento muy favorable, para que el cliente perciba que la empresa está desarrollando nuevas tecnologías para ofrecer mejores soluciones para sus clientes. Aunado a lo anterior, enriquece la realidad física, para que los clientes obtengan una experiencia táctil y virtual de una manera simultánea. Otro de los beneficios que brinda esta tecnología es que aporta información adicional al espacio físico, pues no hay límite de contenido sobre el producto, a diferencia de un manual impreso que tiene sus limitaciones de espacio y costo.

Robotización e inteligencia artificial (IA): diversos estudios afirman que en unos cuantos años, 85 % de todas las interacciones humanas en los servicios a clientes se realizarán a través de un robot (Larsen, 2016). Cada día es más común que un *call center* y/o chat de una página web, el cliente esté interactuando con un robot y no con una persona, y lo más relevante es que en muchos de los casos el cliente no se da cuenta de esto.

Algunos de los ejemplos de cómo esta tecnología ha logrado pasos agigantados es el tema de los *influencers* virtuales, ya que tienen físicos perfectos de un ser humano y sus estilos de vida son admirados por el grupo de seguidores, que anhelan ese estilo de vida. La robot *influencer,* Lil Miquela, tiene 2.8 millones de seguidores, viaja por todo el mundo, se toma fotos con celebridades y selfies en su espejo con su iphone, no es una persona real y es la "influencer virtual" más importante (Miquela, 2023).

Las grandes ventajas es que no tienen límite de contenido, pueden estar en muchos lugares a la vez, pueden alcanzar segmentos de mercado muy específicos. Aunado a lo anterior en Abu-Dabi, existen carreras de camellos donde el jinete es una especie de robot, como si fueran mochilas compactas, que están amarradas a la joroba del animal, que estimulan al camello con nalgadas constantes, simulando que fuera el *jockey* y que son controlados por sus dueños que van junto a ellos a la par en automóviles a alta velocidad.

La IA ha alcanzado prácticamente todos los ámbitos comerciales, existen hoteles que sus servicios y amenidades son controlados prácticamente con robots, desde el *check-in*, los alimentos y experiencias dentro de la habitación.

En el campo agrícola, los drones pueden detectar plagas en los cultivos para poderse controlar de una manera más rápida. En el tema médico, existen avances inimaginables de pensar, por ejemplo, hacer cirugías vía remota con una alta precisión. En el tema del fashion, donde la marca Dolce & Gabbana está utilizando drones en lugar de modelos para mostrar sus productos (Frías, 2018).

En el ámbito de los recursos humanos, robots que reclutan a través de un smartphone, utilizando herramientas inteligentes y análisis de datos que reducen tiempos de contratación y encontrar los factores predictivos de éxito en un candidato para un puesto específico, conociendo información demográfica y hábitos de trabajo. Una de las grandes ventajas de la IA en este ámbito es eliminar sesgos en la contratación.

Si bien es cierto que avances tecnológicos surgieron para mejorar el bienestar de las personas, la optimización de los procesos de manufactura y la forma de relacionarnos. están causando que muchas funciones laborales y sociales del ser humano sean reemplazadas por la tecnología. Se habla de que los médicos, abogados, contadores y financieros deberán trabajar más enfocados en generar aquel valor, que los robots y las tecnologías no pueden hacer.

El trato al cliente, la empatía, la creatividad, la disrupción, la improvisación, son aspectos que el ser humano puede aportar a su vida profesional y la forma de relacionarse con los demás. Así que debemos trabajar por dignificar cada vez más el valor de las personas en las empresas y la sociedad, para no ser reemplazados por un robot. La Revolución Industrial debe ser un medio y no un fin de los avances tecnológicos. Reflexiónelo, no vaya a ser que mañana en su lugar esté un robot realizando sus actividades.

El impacto de la cuarta Revolución Industrial en el Marketing

Así como la Revolución Industrial cambió la forma de fabricar los productos para alcanzar economías de escala y producción en masas, el marketing también ha tenido una serie de enfoques distintos en la forma de comercializar los productos y de relacionarse con los clientes.

Siguiendo a autores como Baumann, Kotler o Urbina, podemos mencionar las siguientes etapas de evolución de la mercadotecnia:

Marketing 1.0: este enfoque de mercadeo consiste en que la empresa se enfoca directamente en la fabricación de un producto de la mejor calidad posible, sin importar las necesidades y deseos reales del consumidor. Se busca maximizar las ventas para lograr ser una empresa rentable, sin tener un contacto directo con el mercado, utilizando medios de comunicación tradicionales y unidireccionales (televisión, prensa, radio, revistas). En pocas palabras se trata de vender productos y no de solucionar problemas. Este tipo de enfoque va muy ligado a la Revolución Industrial, donde se buscaban economías de escala, optimizando costos, logrando una rentabilidad deseada. Existe un ejemplo muy característico de esta etapa, cuando se le preguntó a Henry Ford si podía fabricar un auto, contestó que sí y solo sí, que fue el "modelo T", diciendo "un cliente puede tener su automóvil del color que desee, siempre y cuando desee que sea negro" (Admin, 2014). El valor más relevante de este tipo de mercadeo se centra en lo económico y no en la satisfacción del cliente. Se enfoca en el desempeño del producto, calidad, funcionalidad, precio competitivo y estandarización de procesos.

Marketing 2.0: en esta etapa existe un cambio radical en la forma de relacionarse con el mercado, debido a que el centro del negocio es el cliente, se escuchan sus necesidades y se desarrollan satisfactores que logren solucionar sus problemas. Se empiezan a utilizar medios de comunicación tradicionales, mezclados con alternativos (internet, social media, entre otros). El consumidor empieza a tener una relación más cercana con la empresa, donde logra intervenir en el desarrollo de los productos; es un marketing más colaborativo, donde el protagonista deja de ser el producto y ahora se centra en la persona. Por ejemplo, Clemente Jacques otorga un premio a los consumidores que quieran participar en el desarrollo de un nuevo *packaging,* producto o sabor. El valor más importante de este marketing se enfoca en la persona.

Marketing 3.0: esta evolución se centra en una dimensión con un alcance mayor, ya que no solo se trata de entender a los clientes, solucionando sus necesidades y haciéndolos partícipes en el desarrollo de un producto, sino que esto va más allá, ya que se trata de crear un mundo mejor, centrándose en valores que logren que las personas vivan con mayor bienestar, cuidando su entorno: la familia, los animales, la naturaleza y todo lo que le rodea. Las empresas toman mayor conciencia en fabricar y comercializar productos *ecofriendly,* coadyuvando en esta cultura de responsabilidad social corporativa. Por ejemplo, tiendas departamentales como Liverpool, que ofrecen a sus clientes carreolas para sus mascotas, logrando una experiencia de shopping más placentera. Los medios de comunicación son más interactivos, los clientes expresan sus opiniones acerca de sus experiencias con el producto. El principal valor que otorga este marketing se centra en el cuidado del medio ambiente.

Marketing 4.0: en esta etapa, todo el enfoque del mercadeo tiene un propósito social, desde diseñar productos más personalizados para soluciones más específicas, considerando al consumidor más allá de un *shopper,* sino como un ser humano, donde el marketing emocional tiene su mayor auge, se trata de desarrollar estrategias de comercialización que logren mayor empatía con el mercado, que muevan sus sentimientos para lograr mayor *engagement.* La mercadotecnia se vuelve más humana para conectar mejor con su público objetivo, está más cerca de sus clientes y los comprende mejor. Las marcas se convierten en parte de su vida. Las nuevas generaciones de consumidores son muy sensibles a este tipo de mercadeo, ya que el valor más importante, se centra en las necesidades emocionales.

Marketing 5.0: esta última etapa consiste en aplicar las tecnologías que imitan al ser humano: inteligencia artificial (IA), internet de las cosas (IoT), realidad aumentada (RA), realidad extendida (RE) y *big data*, para crear, comunicar y mejorar el valor del recorrido del cliente (Philip Kotler). Esta evolución implica para los marketeros un esfuerzo comercial con sus clientes que se logra entendiendo sus motivaciones, sentimientos y necesidades, nos acercamos a ellos en el momento indicado y con el mensaje correcto (Cinthya Urbina).

Al hilo de lo expuesto anteriormente, y con el propósito de explorar más profundamente el tema objeto de este capítulo, compartiremos dos enfoques hacia los que creemos que puede orientarse la relación entre las personas y la IA en el ámbito de la empresa, con especial interés por la mercadotecnia, ambos puntos de vista reflejan, a su vez, las distintas posturas de los autores de este ensayo:

¿Los robots deben humanizarse?

Está claro que los avances tecnológicos tienen un objetivo muy específico, desde una perspectiva de negocio, que es lograr que las empresas sean más rentables, optimizar los recursos para hacer más eficiente la operación y alcanzar las metas financiera de una mejor manera. Todo esto tiene sentido para desarrollar productos y servicios que resuelvan de mejor manera la vida de las personas, logrando su bienestar y el bien común. La IA debe estar al servicio de coadyuvar en la felicidad de una sociedad afectada por muchas situaciones del entorno que le impiden lograrla. Se perderán muchos empleos al utilizar estas tecnologías y de hecho Bill Gates propuso en su momento, que los robots también deberían pagar impuestos (Álvarez, 2017).

Muchos empleos se verán afectados, algunas de las actividades de los abogados serán sustituidas por un robot, sobre todo aquellas, que son meramente operativas, en este caso el abogado se enfocará a tomar las decisiones de cómo aplicará la ley de acuerdo con lo analizado por el robot.

Los financieros, también está en peligro su profesión, ya que los robots harán gran parte de su trabajo y al igual que el abogado, deberán enfocarse en el diseño de la estrategia financiera para sus clientes.

Otra profesión son los médicos cirujanos, debido a que se conocen casos en que los robots son los que están operando a través de manos inteligentes.

Así mismo, los conductores de televisión ya están siendo reemplazados por esta tecnología, donde pueden informar noticias de una manera puntual. Y así podríamos seguir con los docentes, contadores públicos, vendedores, entre otros.

¿Dónde queda el ser humano ante esta invasión de la IA en sus disciplinas profesionales? Si bien es cierto que desaparecerán muchos empleos, también se crearán nuevos; se necesitarán seres humanos que desarrollen estas tecnologías para diseñarlas, programarlas y ejecutarlas de una manera correcta para el servicio de la sociedad. Más que nunca se deberá demostrar la relevancia del ser humano en la actividad económica; las habilidades blandas como la creatividad, la motivación y la capacidad de trabajar en equipo, son exclusivas hasta el momento, de las personas.

En el ámbito del marketing, específicamente en el servicio al cliente, los seres humanos queremos interactuar con otro ser humano, es difícil que un robot logre la empatía suficiente para entender la situación de un problema de un cliente, por eso se necesita el trabajo en conjunto entre la IA y las personas para lograr una mejor relación entre ambas partes. Es importante no olvidar que los clientes son seres humanos y no un código ID, donde necesitan un trato más humano y personalizado. Si la tecnología logra humanizarse, a través del mejor entendimiento de las necesidades y deseos de los clientes, habrá un mayor bienestar en las personas que están buscando soluciones más empáticas en un mundo cada vez más deshumanizado.

Desde esta perspectiva, la tecnología debe tener como centro de todo a la persona, si no se enfoca de esta manera, no tendría sentido, ya que el consumidor es el que da vida a las marcas, los dueños realmente de estas no son las empresas, sino los consumidores mismos. Entonces, los avances científicos deben lograr entenderlos mejor a través del desarrollo de algoritmos que permitan conocer mejor sus motivadores y frenos de compra en la toma de decisiones sobre los productos de una compañía.

La tecnología enfocada al cliente tendría su razón de ser, si responde a tres cuestionamientos muy concretos:

1. ¿Genera valor significativo a la persona?
2. ¿Personaliza la relación con el usuario?
3. ¿Mejora la experiencia en la adquisición del producto?

Las empresas tienen que pensar que el desarrollo tecnológico está al servicio de los clientes para lograr mayor *engagement*, que es el objetivo de cualquier estrategia comercial. Todo esto representa un gran reto empresarial, pues en algunas ocasiones, la tecnología más allá de ser empática y cercana en la relación con el cliente ha sido una experiencia hostil y falta de tono humano; provocando que el cliente necesite desesperadamente hablar con un ser humano y no con un robot.

¿Qué tienen que ver estas etapas de evolución del marketing con la Revolución Industrial 4.0 y específicamente con la IA? Que cada vez los consumidores son más emocionales y requieren mayor empatía por parte de las marcas, tal es el caso de la marca de licor de café Ruavieja, que realiza una campaña para hacer conciencia de que las personas necesitamos dejar la dependencia nociva de los dispositivos móviles, para disfrutar de mayor tiempo para estar con la familia y amigos, fue un *storytelling* que logró más de 13 millones de impactos mediáticos, ya que el contenido tenía una alta carga emocional y reflexiva.

Figura 1. Campaña "Tenemos que vernos más" de Ruavieja

Fuente: Ruavieja. (2018, noviembre 18). *Anuncio Ruavieja 2018 – Tenemos que vernos más [Vídeo]. YouTube*. https://youtu.be/MiXwBNiFM58

Los consumidores necesitan que las empresas entiendan mejor sus necesidades, se anticipen a sus requerimientos, obtengan soluciones inmediatas, perfectas y a la primera. Y esto se logra a través de un equilibrio entre los avances tecnológicos y la aportación que pueda ofrecer el ser humano. Por ejemplo, en temas de inclusión, las marcas han dejado de tener estereotipos de personas que comuniquen su valor de marca, ahora existen personas con discapacidad que son embajadores de una marca, solo basta ver la nueva modelo de Victoria Secret, Sofía Jirau, quien tiene síndrome de Down.

Figura 2. Campaña de inclusión "Love Cloud Collection" de Victoria Secret

Fuente: EFE. (2022, febrero 14). Sofía Jirau, la primera modelo Victoria's Secret con síndrome de Down. *El Nacional.* https://www.elnacional.com/life-style/sofia-jirau-la-primera-modelo-victorias-secret-con-sindrome-de-down/

Esto logra que las marcas sean más cercanas a los consumidores, que tengan una relación más estrecha e íntima, siendo más afines a sus estilos de vida y formas de pensamiento; por tal motivo, las máquinas no pueden ser la excepción y tienen que entender a las personas y viceversa. La IA tendrá el gran reto de poder empatizar con los clientes, para que ellos se sientan identificados con la marca, si bien es cierto, que a las personas no solo hay que enamorarlos, sino dejarlos fascinados con los detalles emocionales de las marcas. "solo tenemos una oportunidad para sorprender en la experiencia de cliente… la próxima vez puede que no vuelva" (Ipmark, 2018). Jorge Martínez-Arroyo, presidente de DEC (Asociación para el Desarrollo de la Experiencia de Cliente).

El presidente y CEO de la marca L'Oréal, México, Kenneth Campbell, comenta que su programa "Belleza por un futuro" tiene como principal objetivo cambiar la vida de muchas personas:

> Consiste en la capacitación de mujeres como coloristas, maquillistas y esteticistas, para que generen una carrera y una vía de ingresos propios. Cuando abrieron el programa, reportan datos de la empresa, había lugar para 600 aspirantes y en el registro llegaron más de 7,000 solicitudes. Trataremos de atender a todas. (Expansión, 2021)

Es una iniciativa para mejorar el bienestar de muchas familias en México, logrando ser una marca más empática.

¿La humanidad debe robotizarse?

Existe un consenso mayoritario a favor de la conveniencia de que las organizaciones se digitalicen, es decir, que innoven y se modernicen adoptando tecnologías emergentes como las propias de la cuarta Revolución Industrial.

Esto es así porque se considera que su digitalización impulsa la productividad y el crecimiento económico lo que da lugar a la creación de riqueza y, por extensión, a la generación de nuevos y mejores empleos, evolucionando la gestión de los recursos humanos, naturales y económicos.

Esta visión acerca de las ventajas que adquieren las organizaciones cuando evolucionan digitalmente es comúnmente aceptada, sin embargo, se matiza o relativiza cuando se trata de que sean las personas las que se digitalicen de un modo más profundo. Huelga decir que no nos referimos a masificar o sofisticar el uso cotidiano de herramientas tecnológicas, sino al hecho, mucho más retador, de inspirar un pensamiento que evolucione hacia una lógica más robótica.

Hagamos un poco de historia, el mes de mayo de 1997, el campeón mundial de ajedrez, el ruso, Garri Kaspárov, se enfrentó a una computadora diseñada por IBM, llamada Deep Blue (IBM, 2023a), una máquina compuesta por dos torres de 2 metros de altura, más de 500 procesadores y más de 200 chips aceleradores que le permitía explorar hasta 200 millones de posibles jugadas por segundo… ¿Cuántas creen que podía calcular Kasparov en el mismo tiempo? ¿Dos jugadas? ¿Una? ¿Media jugada? Aquel torneo supuso un hito en la computación moderna pues, por primera vez, la máquina superó al ser humano en un evento de conocimiento público.

La victoria de Deep Blue no quedó en una mera anécdota, motivando a una generación de investigadores a diseñar supercomputadoras o computadoras de alto desempeño que se pudieran aprovechar para resolver problemas complejos, como tendencias de mercado, riesgos financieros, minería de datos o dinámica molecular. Al respecto, el propio IBM desarrolló Watson con el propósito de operacionalizar la inteligencia artificial al mundo de los negocios (IBM, 2023b).

Hoy en día, ya no se habla de supercomputadoras sino de computadoras cuánticas, que son más veloces y tienen la capacidad de almacenar más estados por unidad de información, operando con algoritmos mucho más eficientes a nivel numérico.

Es por todo lo anterior que el ser humano debe romper con sus ideas preconcebidas al respecto de la inteligencia artificial, entendiendo que ya no puede competir contra las máquinas, sino que debe competir con las máquinas, gestando con ellas un equipo simbiótico, rentable y escalable.

La unión entre personas y máquinas hace años que está presente en la mercadotecnia digital a través de motores de búsqueda, creación de contenidos, personalización de mensajes de correo electrónico y comunicaciones instantáneas, precios de productos dinámicos, reconocimiento de imágenes o de voz, RA, *chatbots* o publicidad programática.

Citando un exponente relevante nos encontramos con la introducción de la publicidad programática que, a diferencia de la publicidad directa o tradicional, no requiere de la intervención de las personas, pues combina datos, algoritmos y plataformas bajo un mismo proceso sistematizado. En este modelo programático, los anunciantes fijan un precio y el robot o algoritmo muestra los anuncios a la audiencia deseada, esto es posible mediante la segmentación, la *big data* y la geolocalización, lo que ofrece resultados más eficaces y en tiempo real.

Es el caso de la cadena Intercontinental Hotel Group (IHG), compañía que identificó que la mayoría de sus huéspedes utilizaban webs de terceros para realizar reservaciones al pensar que estaban obteniendo el mejor precio posible, aunque su precio era de un 15 a 30 % superior a si reservaban directamente con el hotel.

IHG empezó a realizar anuncios programáticos donde mostraba a los usuarios el precio real de reservar directamente con sus hoteles, personalizando los anuncios lo máximo posible, dotando de una transparencia mucho mayor a toda la gestión de reservación, dando la oportunidad de hacer comparaciones más atinadas entre los distintos proveedores.

Figura 3. Campaña de publicidad programática de IHG

Fuente: Gee, R. (2016, mayo 20). How IHG is using programmatic to disrupt the travel industry. *MarketingWeek.* https://www.marketingweek.com/how-ihg-is-using-programmatic-to-disrupt-the-travel-industry

Otra muestra de la presencia exitosa de inteligencia artificial en la mercadotecnia lo encontramos en el uso de los *chatbots* con el propósito de brindar una atención personalizada a clientes o prospectos que desean interactuar con una marca.

Tal fue el ejemplo de Skoda, empresa automotriz que implementó un *chatbot*, llamado Laura, para apoyar y orientar a sus clientes con el objetivo de facilitar su decisión final, ofreciendo recomendaciones y sugerencias.

Fuente: Boleslav, M. (2019, diciembre 19). Laura is a perfect addition to ŠKODA's Simply Clever Features. *Skoda Storyboard.* https://www.skoda-storyboard.com/en/press-releases/laura-is-a-per-fect-addition-to-skodas-simply-clever-features

Las referencias anteriores no son casuales, en el supuesto del *chatbot* viene a escenificar la insatisfacción de algunos clientes con organizaciones que emplean a personas para atenderles o dar seguimiento a algunas gestiones, mientras que en el ámbito de la publicidad programática elimina el error humano ofreciendo un cálculo más rápido y eficiente de la información de que se dispone para diseñar y monitorear una campaña publicitaria.

Robotizar a las personas, automatizando gran parte de sus tareas laborales y personales, no supone prescindir de principios y valores, tampoco minimizar la libertad individual y mucho menos renunciar a que la tecnología sea un medio al servicio de la humanidad, sino una comprensión más amplia acerca de la colaboración entre personas y máquinas que pasa por un respeto recíproco mediante una adecuada distribución de funciones y roles, incluso valorando la conveniencia de digitalizar parte de nuestro organismo con el propósito de alcanzar una nueva dimensión operativa y cognitiva.

Es Kurzweil, futurólogo, inventor y director de ingeniería de Google, quien en su obra *The Singularity is Near* nos introduce en esta posibilidad al estimar que en el futuro se podrá simular la actividad de todas las estructuras cerebrales de un individuo, por lo que sería posible convertir en datos su memoria, habilidades e incluso su personalidad, realizando copias de seguridad de ellas o incluso instalarlas y ejecutarlas en estructuras no biológicas.

En esta línea, según las predicciones de Kurzweil, la conexión que se establecerá entre el cerebro de las personas y la nube provocará que desarrollemos más emociones y un sinfín de cambios complejos (Kolakowski, 2012). Esta conexión será posible gracias a la aparición de los *nanobots,* o lo que es lo mismo, pequeños robots de ADN. De tal manera, los humanos seremos capaces de expresar mejor nuestros sentimientos al estar la realidad virtual inmersa en nuestro sistema nervioso.

Finalmente, cabe señalar que pensar que las emociones o sentimientos son y serán exclusivamente humanos es una superstición que no necesariamente implica una realidad futura, hoy en día una máquina ya puede reflejar un cierto estado emocional y en el campo de *developmental robotics* se están desarrollando robots que tienen sentidos cada vez más complejos y avanzados en el ámbito de la visión, el audio o el tacto.

En todo caso, este escenario hipotético nos deja tres interrogantes que deberemos responder con el tiempo:

1. ¿Necesitamos que las máquinas sientan emociones?
2. ¿Qué relevancia tendría para nosotros que las máquinas tuvieran emociones?
3. ¿Las máquinas llegarán a tener sus propias emociones?

Sea como fuere, en una era cuántica que se adentra en el metaverso, el valor que aportan las personas en una organización debe repensarse con madurez y profundidad para poder establecer una convergencia útil y disruptiva con las máquinas.

Conclusiones

Es un hecho que el debate sobre la inteligencia artificial y la robótica cada vez tiene una mayor relevancia social, especialmente atendiendo a las posibles consecuencias para la economía, el empleo y la sociedad.

Es innegable que, gracias a la *big data*, el proceso de toma de decisiones adquiere ahora una nueva dimensión científica, mucho más analítica y respetuosa con los indicadores de desempeño estratégico, siendo así que, en la actualidad, ya no solo se usa para identificar adecuadamente correlaciones y establecer relaciones de causalidad, sino que también es capaz de presentar conclusiones relevantes y rentables en breves espacios de tiempo, lo que tiene un valor incalculable en el ámbito comercial, siempre tan competido, cambiante y altamente exigente.

No en vano, la aplicación de la *big data* en los procesos internos y externos de una empresa tiene un impacto considerable en diversas actividades, por ejemplo, en la mercadotecnia es fundamental para generar ahorros y potenciar el valor agregado, mediante la optimización de la cartera de clientes, la mejora de inventarios en el punto de venta, el análisis de tendencias comerciales, la personalización de la publicidad o la evaluación de la satisfacción del cliente.

De tal modo, podemos considerar que la automatización de procesos con el apoyo de robots no es en sí misma una amenaza, puesto que agrega oportunidades cuando realmente se necesitan, aunque es cierto que nos obliga a cambiar la naturaleza de la relación con la tecnología que, con la mayor presencia y desarrollo de la inteligencia artificial, ya no es solo una cuestión de eficiencia sino sobre todo de capacidad.

A colación, algunos de los aspectos positivos de una adecuada digitalización de los procesos comerciales pueden ser los siguientes:

- Más productividad.
- Ahorro en costos.
- Mejora de las metas de cumplimiento.
- Adecuación y flexibilidad de los procesos.
- Atención y seguimiento 24 horas al día.
- Disponibilidad permanente de información.

De igual manera recomendamos a las organizaciones que sean ambiciosas al integrar tecnología de inteligencia artificial; prudentes en su implementación, avanzando sin temor, pero con asertividad, sin incurrir en prisas innecesarias, implicando al talento humano para facilitar una convergencia real entre máquinas y personas desde el comienzo. Asimismo, es deseable trabajar en las capacidades digitales con una vocación de innovación permanente, siendo conscientes de que todos los procesos pueden ser automatizados, y en muy poco tiempo, si bien es recomendable generar equipos que lideren estas iniciativas con la proactividad propia de un proyecto para garantizar su adecuada gestación y posterior ejecución.

Desconocemos lo que nos deparará el futuro en la relación personal y profesional entre personas y máquinas y, en todo caso, dependerá de nosotros adoptar una posición en la esfera de nuestra responsabilidad, pero hay indicios suficientemente alentadores acerca de que la receta del éxito puede venir de encontrar respuestas que combinen, con una equilibrada ambición, los dos enfoques que se presentaron en este artículo, de un lado, el cuestionamiento sobre la necesidad de humanizar a los robots y, de otro, la duda razonable sobre si algún día deberemos robotizarnos a nosotros.

Por ahora, lo único cierto es que estamos en un momento de la historia en la que no solo se está reinventando nuestra visión acerca de la economía y de la sociedad, sino también el concepto mismo de humanidad.

Bibliografía

Artículos, capítulos y libros

Amershi, A., Weld, D., Vorvoreanu, M., Fourney, A., Nushi, B., Collisson, P., Suh, J., Iqbal, S., Bennett, P., Inkpen, K., Teevan, J., Kikin-GIL, R. y Horvitz, E. (2019). Guidelines for Human-AI Interaction. En *Proceedings of the 2019 CHI Conference on Human Factors in Computing Systems* (pp. 1-13). ACM Press.

Arslan, A., Cooper, C., Khan, Z., Golgeci, I. y Ali, I. (2021). Artificial intelligence and human workers interaction at team level: a conceptual assessment of the challenges and potential HRM strategies. *International Journal of Manpower, 43*(1), 75-88.

Bostrom, N. (2016). *Superinteligencia: caminos, peligros, estrategias.* Teell.

Cabanelas Omil, J. (2019). Inteligencia artificial ¿Dr. Jekyll o Mr. Hyde? *Mercados y Negocios, 1*(40), 5-22.

Cacho-Elizondo, S. y Lázaro, J. D. (2017). Nuevas realidades al servicio de las marcas: La tecnología que todos quieren, pero no saben cómo implementar. *Revista Istmo,* (352), 42-47.

Cacho-Elizondo, S., Lázaro, J. D. y García, V. E. (2018). Exploring the Adoption of Augmented and Virtual Reality in the Design of Customer Experiences: Proposal of a Conceptual Framework. *Journal of Marketing Trends, 5*(2), 91-102.

Cacho-Elizondo, S. y Lázaro, J. D. (2020). Big data in the Decision-Making Processes of Football Teams Integrating a Theoretical Framework, Applications and Reach. *Journal of Strategic Innovation and Sustainability, 15*(2), 21-44.

Corvalán, J. G. (2019). El impacto de la Inteligencia Artificial en el trabajo. *Direito Economico e Socioambiental, 10*(1).

Cuervo Sánchez, C. A. (2021). Efectos de la inteligencia artificial en las estrategias de marketing. *Revista Internacional de Investigación en Comunicación,* (24), 26-41.

De Choudhury, M., Kyung Lee, M., Zhu, H. y Shamma, D. A. (2020). Introduction to this special issue on unifying human computer interaction and artificial intelligence. *Human Computer Interaction, 35*(5-6).

Diana, C. (2021). *My Robot Gets Me: How Social Design Can Make New Products More Human.* Harvard Business Review Press.

Kelly, K. (2017). *Lo inevitable: Entender las 12 fuerzas tecnológicas que configurarán nuestro futuro.* Teell.

Kotler, P., Katajaya, H. y Setiawan, I. (2021). *Marketing 5.0.* Lid.

Kurzweil, R. (2006). *The Singularity Is Near: When Humans Transcend Biology.* Penguin Books.

Kurzweil, R. (2013). *How to Create a Mind: The Secret of Human Thought Revealed.* Penguin Books.

Miller, A. (2019). The intrinsically linked future for human and Artificial Intelligence interaction. *Journal of Big data,* 6.

Mou, Y. y Xu, K. (2017). The media inequality: Comparing the initial human-human and human-AI social interactions. *Computers in Human Behavior,* 72, 432-440.

Oppenheimer, A. (2019). *¡Sálvese quien pueda!: El futuro del trabajo en la era de la automatización.* Penguin Random House.

Rifkin, J. (2010). *El fin del trabajo: Nuevas tecnologías contra puestos de trabajo: el nacimiento de una nueva era.* Planeta.

Romero Bazúa, J. A. (2016). *Merca Think, pasión + disrupción.* Amate.

Romero Bazúa, J. A. (2022). *Evolución del marketing; ¿En qué etapa se encuentra su empresa?* Noroeste.

Romero Bazúa, J. A. y Lázaro Álvarez, J. D. (2022). Sustentabilidad empresarial: Una visión actual para el futuro del mundo. En De la Torre-Santos, P. y Sánchez, X. (Coords.), *Sustentabilidad empresarial: Una visión actual para el futuro del mundo* (pp. 231-249). Universidad Panamericana.

Schwab, K. (2017). *La cuarta revolución industrial.* Penguin Random House Grupo.

Tegmark, M. (2018). *Life 3.0: Being Human in the Age of Artificial Intelligence.* Taurus.

Recursos electrónicos

Admin (2014, mayo 15). Henry Ford: "Un cliente puede tener su automóvil del color que desee, siempre y cuando desee que sea negro". *CertifiedFirst.* https://blog.certifiedfirst.es/2014/05/un-cliente-puede-tener-su-automovil-del-color-que-desee-siempre-y-cuando-desee-que-sea-negro/

Álvarez, R. (2017, febrero 22). Bill Gates: «si un robot reemplaza el trabajo de un humano, este robot debe pagar impuestos como un humano». *World Economic Forum.* https://es.weforum.org/agenda/2017/02/bill-gates-si-un-robot-reemplaza-el-trabajo-de-un-humano-este-robot-debe-pagar-impuestos-como-un-humano

Baumann, H. (2021, octubre 21). ¿Qué es el marketing 1.0 al 5.0? De la edad de piedra a la "tecnología para la humanidad". *Blog Crehana.* https://www.crehana.com/blog/transformacion-digital/que-es-marketing-1-0/

Boleslav, M. (2019, diciembre 19). Laura is a perfect addition to ŠKODA's Simply Clever Features. *Skoda Storyboard.* https://www.skoda-storyboard.com/en/press-releases/laura-is-a-perfect-addition-to-skodas-simply-clever-features

EFE. (2022, febrero 14). Sofía Jirau, la primera modelo Victoria's Secret con síndrome de Down. *El Nacional.* https://www.elnacional.com/life-style/sofia-jirau-la-primera-modelo-victorias-secret-con-sindrome-de-down/

Expansión. (2021, agosto 17). L'Oreal: la belleza que mueve al mundo [Vídeo]. *Expansión.* https://expansion.mx/bespoke-ad/2021/08/17/loreal-la-belleza-que-mueve-al-mundo

Frías, G. (2018, febrero 18). Dolce & Gabbana usó drones como modelos de pasarela. *CNN Español.* https://cnnespanol.cnn.com/video/drones-dolce-and-gabanna-modelos-pasarela-vo-portafolio/

Gee, R. (2016, mayo 20). How IHG is using programmatic to disrupt the travel industry. *MarketingWeek.* https://www.marketingweek.com/how-ihg-is-using-programmatic-to-disrupt-the-travel-industry

IBM. (2023a). Deep Blue. *IBM.* https://www.ibm.com/ibm/history/ibm100/us/en/icons/deepblue/

IBM. (2023b). IBM Watson es una IA que permite un negocio más inteligente. *IBM.* https://www.ibm.com/es-es/watson

Ipmark. (2018, febrero 16). Experiencia de cliente: la fuerza de los momentos WoW. *Ipmark.* https://ipmark.com/experiencia-de-cliente-momentos-wow/

Kolakowski, N. (2012, octubre 10). Kuzweil: The cloud will expand human brain capacity. *Kuzweilai.net.* https://www.kurzweilai.net/the-cloud-will-expand-human-brain-capacity-kurzweil

Larsen, H. (2016, noviembre 27). Gartner›s Top Strategic Predictions for 2017 and Beyond: Surviving the Storm Winds of Digital Disruption. *LinkedIn.* https://www.linkedin.com/pulse/gartners-top-strategic-predictions-2017-beyond-surviving-hans-larsen

Lucía C. (2015, diciembre 9). Impresión 3D tendrá un impacto del 10% en la población mundial. *3D Natives.* https://www.3dnatives.com/es/la-impresion-3d-tendra-un-impacto-en-la-poblacion-mundial-09122015/#!

Microsoft Corporation (2017, octubre 6). AI must be built with empathy, Microsoft CEO Satya Nadella says during UK release of book Hit Refresh. *Microsoft Press.* https://news.microsoft.com/en-gb/2017/10/06/ai-must-be-built-with-empathy-microsoft-ceo-satya-nadella-says-during-uk-release-of-book-hit-refresh/

Miquela [@lilmiquela]. (2023). Página de Instagram. https://www.instagram.com/lilmiquela/

Ruavieja. (2018, noviembre 18). *Anuncio Ruavieja 2018 – Tenemos que vernos más [Vídeo].* YouTube. https://youtu.be/MiXwBNiFM58

PEOPLE ANALYTICS EN LA ATRACCIÓN DE TALENTO, APLICACIÓN DE LA INTELIGENCIA ARTIFICIAL EN LA GESTIÓN DE RECURSOS HUMANOS

María Cristina Sánchez Valencia
Manuel Soto-Pérez
Universidad Panamericana

Resumen

La inteligencia artificial es una metodología que permite analizar de forma automática datos con el objetivo de predecir y dar guías para la toma de decisiones. Esta metodología ha permeado distintas áreas de la administración y el área de recursos humanos no es la excepción. Dentro de las distintas áreas estratégicas de recursos humanos el presente capítulo explica el efecto entre la relación de la inteligencia artificial con el área de atracción de talento. Se describe el proceso de People Analytics enfocado a la atracción de talento y se comparte un ejemplo genérico que pueda servir de base para que distintas empresas lleven a cabo su propio ejercicio. Se concluye que la herramienta de People Analytics no sustituye a un equipo de personas en el área de recursos humanos, más bien ofrece soporte para la toma de decisiones y facilita la automatización para el análisis de grandes cantidades de datos.

Palabras clave: People Analytics, inteligencia artificial, atracción de talento.

Introducción

La tecnología ha acompañado la historia del hombre, siendo una extensión de su humanidad y que le permite utilizar mejor los recursos y alcanzar sus objetivos. Gracias a la inteligencia humana se han hecho distintos desarrollos tecnológicos que facilitan la interacción del ser humano con su contexto. Cuando aparecen las nuevas técnicas y metodologías, la reflexión sobre la ética y el buen uso de estas herramientas no se hace esperar. En ese sentido, el uso de distintas técnicas de programación para leer, procesar, analizar y sintetizar los datos de forma automática o semiautomática ha terminado por generar un nuevo campo del conocimiento llamado aprendizaje automático, llamado *machine learning* (Ghahramani, 2015), el cual no ha estado exento de cuestionamientos éticos sobre su difusión y uso (Etzioni, 2018). También, se ha mencionado que en la medida que estas técnicas de aprendizaje automático se asemejan a un comportamiento humano este proceso puede recibir el nombre de inteligencia artificial (Rouhiainen, 2018), y su uso adecuado y ético potencializa el desempeño humano en la vida empresarial.

El aprendizaje automático y la inteligencia artificial han sido objeto de estudio y aplicación a distintos ámbitos de la vida empresarial, tales como las finanzas y la mercadotecnia (Goodell et al., 2021; Hair y Sarstedt, 2021). Y más reciente en el ámbito de los recursos humanos (Rab-Kettler y Lehnervp, 2019). En este capítulo nos enfocaremos en las aplicaciones de la inteligencia artificial en la gestión de talento. De hecho, las aplicaciones de la inteligencia artificial a la gestión de talento recaen en las distintas áreas estratégicas que la conforman: atracción, retención, formación y gestión (Larsson y Edwards, 2021). A fin de profundizar en un área estratégica dentro de la gestión de talento, el presente texto se enfocará a las aplicaciones en el área estratégica de atracción de talento mediante técnicas de aprendizaje automático e inteligencia artificial. La intención será brindar un marco teórico de referencia con respecto a este conocimiento, así como compartir un pequeño ejemplo que sirva al lector como un camino para iniciarse en estas prácticas novedosas.

Una posible definición que podemos brindar a People Analytic es que es el conjunto de técnicas de recolección, preparación, análisis y síntesis de datos con el fin de tomar decisiones en el área de gestión de talento (Gal et al., 2018; Isson y Harriott, 2016; van den Heuvel y Bondarouk, 2017). Por otro lado, al ser un área del conocimiento que surge entre la gestión de recursos humanos y el análisis de grandes cantidades de datos mediante distintos lenguajes de programación, es importante identificar las habilidades que debe poseer un experto en recursos humanos. Algunos autores han mencionado que People Analytics requiere conocer sobre gestión de recursos humanos, administración de negocios, manejo de bases de datos, softwares de análisis de datos como Excel, Power Bi, R o Python, así como probabilidad y estadística (Mikalef et al., 2020; Vulpen, 2019). Por lo que un especialista en esta área deberá esforzarse en aprender sobre tan diversos campos del conocimiento.

Planeación estratégica, planeación de talento y atracción de talento

Planeación estratégica

El inicio del viaje para la atracción del talento humano requiere un rumbo. Como lo señalaba el Séneca: "si no sabes a qué puerto te diriges, cualquier viento te es favorable". La función del área de recursos humanos, en cualquier organización, debe alinear sus actividades a la estrategia de la organización. Y en particular, su propia estrategia de atracción de talento.

¿Cómo definir el término? Según Michael Porter, estrategia es "crear alineación en las actividades de la empresa". Y por esta razón, recursos humanos debe alinear sus actividades de planeación de talento a la estrategia de la empresa, pues el éxito de una estrategia depende de hacer muchas cosas bien, no solo algunas (Porter, 1990).

El área de recursos humanos debe agregar valor a la organización, y para ello pone especial atención en atraer, desarrollar y retener el talento. Lo anterior es la esencia de su rol estratégico en la organización.

Las características y tendencias en el mundo actual, pospandémico, derivados de los cambios que afectan a las organizaciones, supone nuevos retos y problemas para la empresa: escenarios VUCA (volatilidad, incertidumbre, complejidad y ambigüedad), competitividad, sustentabilidad, así como la propia diversidad de la fuerza laboral, el mercado laboral impulsado por los candidatos, las brechas de talento, entre otros, requiere la creación de ventajas competitivas que, los expertos en recursos humanos pueden y deben lograr con, por y mediante el talento humano. Contar con las personas correctas, para el puesto correcto en el momento correcto.

Planeación de talento

Una vez comprendida la estrategia de la organización, los expertos en recursos humanos deben realizar el proceso de planeación de talento, que será capaz de implementar y conseguir llevar a cabo las actividades que aseguren el resultado esperado. El proceso de planeación de recursos humanos consiste en anticipar y prevenir los movimientos del personal en la organización (Lobo, 2017).

Es importante considerar algunos criterios para este proceso, tales como el contexto de la organización, su tamaño y su estructura, el mapa de talento actual, la cultura organizacional, el liderazgo, las políticas y procedimientos, las prácticas, y además, por supuesto, del mercado laboral.

También deben contar con o establecer las competencias que se requieren para llevar a cabo las actividades necesarias en cada uno de los procesos de la organización para el logro de las metas, objetivos y resultados establecidos. Lo anterior demanda conocer el mercado de talento que hoy en día es diverso, competitivo, desafiante, y definitivamente, pensar en el mañana (Aguado-García, 2018).

La evaluación proactiva y la planificación de la fuerza laboral permitirá conseguir una visión integral de la ecuación de oferta y demanda de talento, y requiere el poder de la analítica para destilar información de datos complejas del ecosistema de la fuerza laboral (Isson y Harriott, 2016).

Para lograr el equilibrio en la ecuación de oferta y demanda dentro de la planeación estratégica, se requiere conocer los procesos y las competencias necesarias, y utilizando la analítica, se pretende dar respuesta a preguntas acerca de las necesidades de talento, presentes y futuras de la organización, desde las simples como ¿cuántos colaboradores se requieren? y ¿cuándo se deben cubrir las vacantes?, hasta las más complejas cómo ¿dónde encontrar el perfil que requiero para invitar a los candidatos? y ¿cómo hacerlo, interna o externamente? ¿Qué medio de atracción de talento debo utilizar, que me pueda dar la mayor probabilidad de candidatos adecuados en mi búsqueda? Conociendo los procesos de la organización podemos detallar las actividades a realizar y, a su vez, determinar los puestos, determinando la jerarquía y mecanismos para la relación entre ellos, dando paso a lo que conocemos como estructura (Aguado-García, 2018).

La estructura nos permite coordinar las capacidades, las actividades, las metas y los límites organizacionales. Debemos, por lo tanto, conocer las competencias que requiere la organización. El análisis, descripción y perfil de puestos son elementos clave para determinarlas. El análisis de puestos es el "procedimiento para determinar las responsabilidades y las características de la gente que se contratará para cubrirlos" (Dessler y Varela, 2011). El puesto se define como el conjunto de actividades o tareas que se deben realizar para contribuir al logro de las metas de la organización y la persona que lo realiza tiene una posición en la organización, y está a cargo de las obligaciones y responsabilidades que le son conferidas. Fundamentalmente, el análisis de puestos incluye las actividades a realizar y las conductas humanas requeridas, el contexto donde se desarrollan las labores, las herramientas para hacerlo, los estándares de desempeño, entre otros. La descripción de puestos "es un documento que brinda información acerca de las tareas, los deberes y responsabilidades esenciales del puesto" (Mondy, 2010). El perfil de puestos se determina una vez que tenemos las especificaciones del puesto, que es un documento que describe las cualidades mínimas que debe poseer un individuo para desempeñar un trabajo particular (Chiavenato, 2007), esto es, cuáles son los requisitos humanos necesarios para desempeñar la actividad, en términos de aptitudes, actitudes, habilidades, etcétera.

People Analytics es una herramienta que nos ayudará, mediante el análisis de la información, a tomar decisiones con una mayor probabilidad de éxito. Dicho análisis ayudará a comprender mejor las necesidades de talento, así como a los candidatos, por ejemplo, respecto a sus motivaciones para la búsqueda de nuevas oportunidades, incluso, las fuentes que utilizan cuando lo hacen (Arellano et al., 2017). También permite conocer, cuáles fuentes de reclutamiento fueron más exitosas, convirtiendo al candidato en una contratación y cuál ha sido su desempeño y permanencia en la organización (Rab-Kettler y Lehnervp, 2019; Shrivastava et al., 2018).

People Analytics en el proceso de atracción de talento

Al conjunto de técnicas de análisis de datos que resuelven problemas del área de recursos humanos lo llamamos People Analytics. El ciclo de People

Analytics consiste en 5 pasos: 1) Al principio se inicia con una pregunta que guíe el análisis; 2) posteriormente se deben recopilar los datos; 3) preparar los datos; 4) analizar los datos, y 5) finalmente brindar una respuesta a la pregunta inicial con base en los resultados. People Analytics es una herramienta que puede sumar al área de gestión de talento en su rol estratégico de la organización, siempre y cuando se tenga la planeación y estructura de talento elaborada mediante el análisis y la descripción de puestos descritos en la sección anterior.

Para ejemplificar el primer paso, algunas preguntas que pueden detonar el proceso de People Analytics en el área estratégica de atracción de talento pueden ser: ¿cuáles fuentes de reclutamiento proveen personal más leal o productivo? ¿Qué palabras clave contienen los CV que debo considerar para mi proceso de reclutamiento? ¿Qué contenido en los anuncios de reclutamiento genera más clics, exposición o vistas?

Ciertamente algunas de estas preguntas son el punto de partida, pero el segundo paso es recopilar la información y los datos necesarios para poder tomar una decisión. Algunos autores (Isson y Harriott, 2016; Vulpen, 2019), mencionan que está etapa es la que más ha limitado el crecimiento de People Analytics pues el conseguir buenos datos implica tiempo, recursos tecnológicos y económicos, de hecho, la clave no es trabajar con *big data* si no con *good data* (Heuvel y Bondarouk, 2017; Vulpen, 2019). En esta etapa se debe hacer un esfuerzo por documentar, agrupar o identificar datos de distintos aspectos de la empresa que puedan aportar a la solución de las preguntas planteadas inicialmente. Continuando con la primera pregunta planteada en el párrafo anterior (¿cuáles fuentes de reclutamiento proveen personal más leal o productivo?), deberíamos de identificar qué tipo de datos necesitamos registrar y almacenar para poder realizar un análisis estadístico. Por ejemplo, en el histórico de candidatos que terminaron siendo contratados, ¿cuántos de ellos continúan en la empresa al día de hoy? ¿Cuál es su nivel de desempeño?, y sobre todo ¿por qué medio de reclutamiento fueron contactados?

El tercer paso dentro del proceso de People Analytics se refiere a la preparación y limpieza de los datos. Esta etapa puede requerir que se invierta hasta el 80 % del tiempo de lo que necesitará el proyecto una vez que se tiene ya la base (Isson y Harriott, 2016; Vulpen, 2019). Hay que imaginar que la base de datos que se haya construido en el paso anterior podrá tener errores, información incompleta, formatos distintos a los requeridos, por lo que preparar esta información para ser manipulada estadísticamente implicará conocimiento de distintas técnicas y software, posiblemente desde un Excel o bien lenguajes de programación como R o Python. Lo importante en esta etapa será identificar información incompleta, incorrecta y adaptar la estructura de los datos a fin de poder iniciar su manipulación en el siguiente paso (Aguado-García, 2018).

En el cuarto paso se inicia con el análisis matemático y estadístico de los datos, desde luego los métodos son diversos y se tendrán que adecuar conforme a la pregunta que se pretenda resolver. Entre los diversos métodos estadísticos utilizados en esta etapa, la estadística descriptiva, la matriz de correlación y los modelos de regresión lineal suelen ser los más utilizados dentro de People Analytics. La estadística descriptiva es solo un punto de partida que permite conocer los datos y evitar problemas en etapas más avanzadas del análisis. Mediante la matriz de correlación es posible identificar cuales variables, de las recabadas, se encuentran relacionadas de manera positiva o negativa entre sí (Vulpen, 2019). Por último, mediante un modelo de regresión lineal se podría identificar las variables que predicen un resultado esperado, por ejemplo: los medios de reclutamiento que inciden de manera positiva o negativa en la probabilidad de que un empleado se dé de baja de la empresa.

Finalmente, aunque se tenga ya los resultados del análisis estos deberán ser interpretados, puestos en contexto y presentados de una manera que sea factible tomar decisiones con base a esta información. La última etapa del proceso de People Analytics no debe ser menospreciada, pues es el momento de dar una interpretación simple, entendible y a la vez ejecutiva a todo el proceso de análisis realizado. Por ejemplo, aquí se brindaría un informe de cuáles son las fuentes de reclutamiento que aumentan la probabilidad de que un empleado se dé de baja, afectando a la vez los índices de rotación de la empresa.

¿Por dónde inicio el camino?

Partiendo del principio que este tema no puede ser exclusivamente teórico, en la figura 1, se puede escanear el código QR para acceder a una serie de videos que explican un ejercicio de People Analytics y sobre todo en los comentarios de estos videos es posible descargar una base de datos para practicar.

Figura 1. Código QR con enlace a serie de videos
para resolver el ejercicio práctico

Fuente: elaboración propia.

El ejemplo al que se puede acceder a través de la figura 1, pretende mediante datos simulados proporcionar la información para contestar las preguntas: 1) ¿Qué fuentes de reclutamiento inciden en que los colaboradores permanezcan más tiempo en la empresa?, y 2) ¿Qué fuentes de reclutamiento inciden en que los colaboradores tengan un mejor desempeño? Por otra parte, en la figura 2, se muestran las primeras 10 filas de la base de datos del mencionado ejemplo. Es posible identificar visualmente que la base hará referencia a información personal de una serie de empleados ficticios que ya fueron contratados en una empresa; además, se documenta por empleado tres aspectos importantes a fin de poder resolver las preguntas anteriormente planteadas: a) fuente de reclutamiento, b) si está en activo o ya se dio de baja, y c) nivel de desempeño real y nivel de desempeño esperado.

Figura 2. Primeras 10 filas de la base de datos para practicar

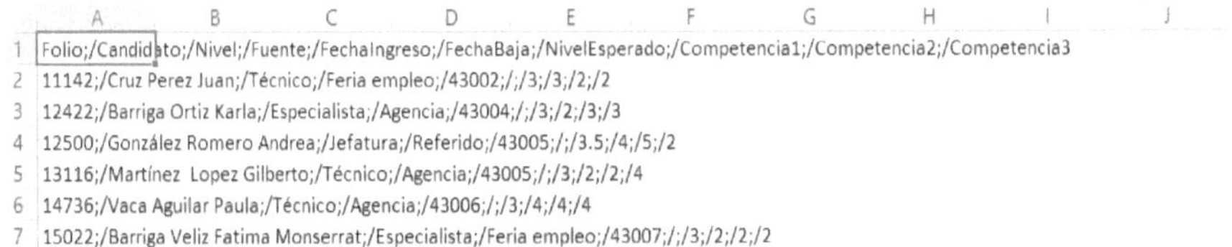

	A	B	C	D	E	F	G	H	I	J
1	Folio;/Candidato;/Nivel;/Fuente;/FechaIngreso;/FechaBaja;/NivelEsperado;/Competencia1;/Competencia2;/Competencia3									
2	11142;/Cruz Perez Juan;/Técnico;/Feria empleo;/43002;/;/3;/3;/2;/2									
3	12422;/Barriga Ortiz Karla;/Especialista;/Agencia;/43004;/;/3;/2;/3;/3									
4	12500;/González Romero Andrea;/Jefatura;/Referido;/43005;/;/3.5;/4;/5;/2									
5	13116;/Martínez Lopez Gilberto;/Técnico;/Agencia;/43005;/;/3;/2;/2;/4									
6	14736;/Vaca Aguilar Paula;/Técnico;/Agencia;/43006;/;/3;/4;/4;/4									
7	15022;/Barriga Veliz Fatima Monserrat;/Especialista;/Feria empleo;/43007;/;/3;/2;/2;/2									
8	16248;/Muro Delgadillo Fernanda;/Supervisor;/LinkedIn;/43008;/;/3.5;/4;/3;/2									
9	17033;/Camil Durán Cristina Gabriela;/Técnico;/Agencia;/43008;/43495;/3;/2;/3;/4									
10	17796;/Molina Álvarez Joaquín;/Gerencia;/Interno;/43009;/;/4;/5;/3;/4									

Fuente: captura de pantalla.

Para preparar los datos de la figura 2, debe de separarse el texto en múltiples columnas, crearse variables dummy (variables ficticias que permiten que la información cualitativa se transforme en cuantitativa) para la fuente de reclutamiento y para identificar los empleados que ya se dieron de baja, así como crear otras variables para obtener el nivel real de desempeño y poderlo comparar contra el nivel esperado. La base de datos ya preparada podría verse similar a la de la figura 3. En este caso se utilizó Excel para hacer la transformación de los datos.

Figura 3. Primeras 10 filas de la base de datos ya preparada

	A	B	E	F	G	H	I	J	K	L	M	N	O	P	Q
1	Folio	Candidato	FeriaEmpleo	Agencia	Referido	LinkedIn	Interno	OCC	Anuncios	FechaIngreso	FechaBaja	Baja	NivelEsperado	NivelReal	Gap
2	11142	Cruz Perez Juan	1	0	0	0	0	0	0	24/09/2017		0	3	2.3	-0.7
3	12422	Barriga Ortiz Karla	0	1	0	0	0	0	0	26/09/2017		0	3	2.7	-0.3
4	12500	González Romero Andrea	0	0	1	0	0	0	0	27/09/2017		0	3.5	3.7	0.2
5	13116	Martínez Lopez Gilberto	0	1	0	0	0	0	0	27/09/2017		0	3	2.7	-0.3
6	14736	Vaca Aguilar Paula	0	1	0	0	0	0	0	28/09/2017		0	3	4.0	1.0
7	15022	Barriga Veliz Fatima Monserrat	1	0	0	0	0	0	0	29/09/2017		0	3	2.0	-1.0
8	16248	Muro Delgadillo Fernanda	0	0	0	1	0	0	0	30/09/2017		0	3.5	3.0	-0.5
9	17033	Camil Durán Cristina Gabriela	0	1	0	0	0	0	0	30/09/2017	30/01/2019	1	3	3.0	0.0
10	17796	Molina Álvarez Joaquín	0	0	0	0	1	0	0	01/10/2017		0	4	4.0	0.0

Fuente: captura de pantalla.

Una vez que se han establecido las preguntas, obtenido los datos y preparado los datos, es posible avanzar al cuarto paso del proceso de People Analytics que es propiamente el análisis de los datos. Si bien es recomendable realizar un análisis descriptivo, esta explicación se enfocará al análisis inferencial a nivel predictivo (en los videos de la figura 1 es posible encontrar ambos enfoques, tanto descriptivo como predictivo). El análisis predictivo recomendable de acuerdo con las dos preguntas iniciales es el modelo de regresión lineal múltiple, donde la variable a predecir para la primera pregunta será: 1) Baja, y para la segunda pregunta será: 2) *Gap.* La variable a predecir se le conoce como la variable dependiente y se le puede representar con la letra "y". Por otra parte, las variables que influyen en la dependiente, se les conoce como las variables independientes, representadas con la letra "x". Las variables independientes de las cuales se pretende identificar si influyen en la Baja o en el *Gap,* son las distintas fuentes de reclutamiento mencionadas como: Feria, agencia, referido, OCC, etcétera (y la variable dependiente identificada como ŷ). Por lo que se pueden establecer las siguientes ecuaciones:

Ecuación 1

$$\hat{y}_{baja} = \beta_0 + \beta_1 \cdot feria + \beta_2 \cdot agencia + \beta_3 \cdot referido + \beta_4 \cdot linkedin + \beta_5 \cdot interno + \beta_6 \cdot occ + \beta_7 \cdot anuncios$$

Ecuación 2

$$\hat{y}_{gap} = \beta_0 + \beta_1 \cdot feria + \beta_2 \cdot agencia + \beta_3 \cdot referido + \beta_4 \cdot linkedin + \beta_5 \cdot interno + \beta_6 \cdot occ + \beta_7 \cdot anuncios$$

En la Ecuación 1 las β_j representan la probabilidad de que un colaborador se dé de baja conforme a la fuente reclutamiento por la cual fue contactado. Para la ecuación 2 las β_j representan el peso con el que cada fuente de reclutamiento influye de manera positiva o negativa en el *Gap*.

Una vez calculados los modelos de regresión de lineal (se sugiere ver los videos de la figura 1) y considerando únicamente las variables significativas para cada variable dependiente se obtienen las siguientes ecuaciones finales:

Ecuación 3

$$\hat{y}baja = 0.086 + 0.241 \cdot feria + 0.077 \cdot agencia + 0.198 \cdot linkedin + 0.309 \cdot occ + 0.368 \cdot anuncios$$

Ecuación 4

$$\hat{y}gap = 0.312 \cdot referido - 0.298 \cdot occ$$

De la ecuación 3 se puede suponer que las fuentes de reclutamiento que influyen en una mayor probabilidad de que el empleado se dé de baja de la compañía son por orden de importancia: anuncios, OCC, feria de empleo, Linked In y agencia de colocación. De la ecuación 4 se puede suponer que la fuente de reclutamiento que influye de manera significativa y positiva en el desempeño es la referencia; también influye el medio OCC de manera significativa y negativa.

Ahora bien, de ninguna manera debe de considerarse estas afirmaciones finales como una guía para la estrategia y gestión del talento humano. Es importante tener presente que estos datos son ficticios y que la verdadera intención es que cada lector pueda obtener sus propios datos de su empresa para correr modelos similares que le permitan tener evidencia que guíe sus estrategias y decisiones en torno la adquisición del talento en su organización.

También el lector puede considerar que están pendientes diversos análisis con la base de datos utilizada en este ejercicio. Por ejemplo, se pueden realizar análisis para un grupo de empleados específico, es decir, para directivos y gerentes ¿cuáles son las fuentes de reclutamiento que inciden en una mayor probabilidad de que el empleado se dé de baja? Por otro lado, se puede considerar que podría realizarse un análisis por competencia para verificar que fuente de reclutamiento influye en una competencia determinada. Es decir, este ejercicio es una guía, pero aún restarían diversos análisis dependiendo del interés y estrategia de la compañía.

Conclusiones

People Analytics es una metodología cuyo enfoque es estudiar los procesos que se llevan a cabo en un entorno laboral con el fin de aportar no solo información del presente, sino sobre todo predecir el comportamiento a futuro y que la empresa tenga un éxito empresarial asegurando un talento humano productivo. Sin embargo, no es una metodología "mágica" para que funcione; People Analytics basa su estrategia en la obtención de grandes cantidades de datos y el tratamiento de la información de forma pertinente; de tal modo que se puedan establecer conclusiones objetivas, válidas y fiables, en el área de la gestión del talento humano.

Como se menciona, People Analytics no es una herramienta mágica *per se*, sin embargo, es muy valiosa por su condición descriptiva y predictiva, de tal forma que, por ejemplo, se podría tomar una decisión determinante respecto a las fuentes de reclutamiento confiables, y la asignación óptima de los recursos para la atracción del talento cuya productividad y permanencia es mayor.

Es importante mencionar que es un apoyo valioso para el proceso atracción de talento, pero que no sustituye la gestión de personal, el trato humano, ético y personal, del equipo de talento humano especializado encargado de esta función. Son precisamente las personas quienes podrán tomar las decisiones guiadas por los análisis cuantitativos y quienes deberán utilizar de forma ética los datos y las técnicas que People Analytics implica.

Por otro lado, el análisis es realizado con herramientas o aplicaciones ya desarrolladas, incluso, existen diferentes software en el mercado de firmas especializadas, que ayudan en las labores propias de la gestión del talento humano en la organización, alguna de las cuáles son especialmente diseñadas para la organización, sin embargo, independientemente del tamaño de la empresa, o sus recursos, People Analytics puede y debe estar inserto en los procesos de la gestión contemporánea del talento humano, como una herramienta de análisis para la toma de decisiones.

En nuestro ejemplo, supusimos datos ficticios, pero se pueden establecer datos a partir de los históricos registrados del talento humano, el desempeño obtenido en los indicadores que se tomen en cuenta, y la fuente de reclutamiento que incide en el desempeño y la permanencia en la empresa. Además, es importante el planteamiento de la pregunta inicial que detonará el tratamiento de la información e incluso permitirá identificar qué tipo de información se deberá de recopilar a fin de contestar ese cuestionamiento.

El ejemplo presentado en este documento es sencillo y plantea el alcance para que se pueda llevar a cabo en empresas que no cuenten con recursos suficientes, de tal modo que se presentan los videos tutoriales, que pueden acceder mediante el código QR proporcionado, y considerarlo como punto de partida para empezar a implementarlo en sus prácticas de reclutamiento.

Referencias

Artículos, capítulos y libros

Aguado-García, D. (2018). *HR Analytics: Teoría y práctica para una analítica de recursos humanos con impacto.* ESIC.

Chiavenato, I. (2007). Administración de recursos humanos. *El capital humano en las organizaciones.* McGraw-Hill–Interamericana.

Dessler G. y Varela R. (2011). *Administración de recursos humanos. Enfoque latinoamericano* (5ª. ed.). Pearson.

Etzioni, A. (2018). Incorporating Ethics into Artificial Intelligence (with Oren Etzioni). En Etzioni, A., *Happiness is the Wrong Metric* (pp. 235-252). Springer. doi: 10.1007/978-3-319-69623-2_15

Gal, U., Jensen, T. B. y Stein, M. K. (2017). People Analytics in the Age of Big Data: An Agenda for IS Research. En *ICIS 2017: Transforming Society with Digital Innovation.* Association for Information Systems. AIS Electronic Library (AISeL).

Ghahramani, Z. (2015). Probabilistic modeling and representing uncertainty. *Nature, 521*(7553).

Goodell, J. W., Kumar, S., Lim, W. M. y Pattnaik, D. (2021). Artificial intelligence and machine learning in finance: Identifying foundations, themes, and research clusters from bibliometric analysis. *Journal of Behavioral and Experimental Finance, 32.* doi: 10.1016/j.jbef.2021.100577

Hair, J. F. y Sarstedt, M. (2021). Data, measurement, and causal inferences in machine learning: opportunities and challenges for marketing. *Journal of Marketing Theory and Practice, 29*(1). doi: 10.1080/10696679.2020.1860683

Heuvel, S. van de y Bondarouk, T. (2017). The rise (and fall?) of HR analytics: A study into the future application, value, structure, and system support. *Journal of Organizational Effectiveness, 4*(2), 157-178. doi: 10.1108/JOEPP-03-2017-0022

Isson, J. P. y Harriott, J. S. (2016). *People analytics in the era of big data: Changing the way you attract, acquire, develop, and retain talent.* John Wiley & Sons.

Larsson, A. S. y Edwards, M. R. (2021). Insider econometrics meets people analytics and strategic human resource management. *International Journal of Human Resource Management.* doi: 10.1080/09585192.2020.1847166

Lobo, C. A. (2017). *Gestión del talento humano.* Fundación Universitaria del Área Andina. doi: 10.33132/9789585459298

Mikalef, P., Pappas, I. O., Krogstie, J. y Pavlou, P. A. (2020). Big data and business analytics: A research agenda for realizing business value. *Information and Management, 57*(1). doi: 10.1016/j.im.2019.103237

Mondy, R. W. (2010). *Administración de Recursos Humanos.* (11ª. ed.). Pearson Educación.

Porter, M. E. (1990). Competitive Advantage of Nations: Creating and Sustaining Superior Performance. *Harvard Business Review, 29.*

Rab-Kettler, K. y Lehnervp, B. (2019). Recruitment in the Times of Machine Learning. *Management Systems in Production Engineering, 27*(2). doi: 10.1515/mspe-2019-0018

Rouhiainen, L. (2018). *Inteligencia Artificial 101 Cosas Que Debes Saber Hoy Sobre Nuestro Futuro Inteligencia Artificial.* Planeta.

Shrivastava, S., Nagdev, K. y Rajesh, A. (2018). Redefining HR using people analytics: the case of Google. *Human Resource Management International Digest, 26*(2). doi: 10.1108/HRMID-06-2017-0112

Vulpen, E. van. (2019). *The Basic Principles of People Analytics. Learn how to use HR data to drive better outcomes for your* (2ª. ed.). AIHR Academy.

Recursos electrónicos

Arellano, C., DiLeonardo, A. y Felix, I. (2017, julio 27). Using people analytics to drive business performance: A case study. *QuantumBlack AI by McKinsey.* https://www.mckinsey.com/capabilities/quantumblack/our-insights/using-people-analytics-to-drive-business-performance-a-case-study

LA COMPETENCIA MULTINACIONAL POR EL DESARROLLO DE LA INTELIGENCIA ARTIFICIAL: UN ANÁLISIS COMPARATIVO

Francisco J. Santana Villegas
Juan C. Grayeb Pereira
Universidad Panamericana

Resumen

Desde la invención de las primeras herramientas como un recurso del ser humano para facilitar sus acciones cotidianas, la tecnología y su constante desarrollo ha sido un elemento esencial en cualquier sociedad. Posteriormente, con el advenimiento de la primera Revolución Industrial en la segunda mitad del siglo XIX, esta misma tecnología ya será considerada como un elemento que favorece la prosperidad y el desarrollo de una nación; y más tarde, a raíz de la Primera Guerra Mundial, como un recurso para la defensa y la seguridad nacional; por lo mismo se convierte en un factor de poder al que aspiran los países.

El presente capítulo trata precisamente sobre los avances tecnológicos como elemento de poder nacional y se centra en la inteligencia artificial (IA) como un recurso de última generación, ciertamente con mucho potencial; al mismo tiempo, generando preocupación e incertidumbre por su alcance y el uso que se le puede dar.

Nuestro trabajo revisa los conceptos de sistema internacional y del Estado –a manera de marco contextual–, como el principal actor de este.

De igual forma describimos al poder como un elemento aspiracional de toda nación y el rol que la tecnología tiene como un factor de poder para cualquier país, y cómo esta ha ido evolucionando a través de la historia.

Posteriormente abordamos el concepto de inteligencia artificial, intentando explicar de manera breve en qué consiste, su evolución, así como sus diversas aplicaciones, tanto en el ámbito privado y corporativo, como en el gubernamental, más específicamente en el de la diplomacia y las relaciones internacionales. En este mismo contexto, analizamos una serie de índices que nos permiten identificar desde una perspectiva integral, cuáles son los países que dominan la competencia global por el desarrollo de la IA.

Finalmente, revisamos de manera puntual, las estrategias y avances en esta materia, de cinco naciones específicas, tanto en los ámbitos privado como público.

Palabras clave: sistema internacional, poder, tecnología, inteligencia artificial.

Estructura y poder en el sistema internacional

1648 es un año significativo para la historia del mundo ya que marca el inicio de las relaciones internacionales como las conocemos al día de hoy, con la firma del Tratado de Paz de Westfalia que puso fin a la Guerra de los Treinta Años, y en cuyo contenido se concebía por primera vez lo que se conoce como el *Estado* moderno, dotado, de acuerdo con Pereira (2001), de cuatro elementos constitutivos que son, un territorio delimitado por fronteras, una población estable, un gobierno con plena autoridad y el derecho de soberanía nacional e independencia frente al exterior.

En paralelo con esta irrupción del Estado y la consecuente reconfiguración mundial, surge, como objeto de estudio de las relaciones internacionales, el *sistema internacional,* concepto del que Esther Barbé precisa que:

> [...] está constituido por un conjunto de actores, cuyas relaciones generan una configuración de poder (estructura), dentro de la cual se produce una red compleja de interacciones (procesos) y de acuerdo a determinadas reglas. (Barbé, 2007, p. 115)

Esta acepción aporta, al menos, dos elementos clave para nuestro tema central de análisis y son los *actores* y el *poder.*

Es la misma Barbé quien nos ayuda a comprender el concepto de actor internacional, al definirlo como:

> [...] aquella entidad del sistema internacional (entidad, grupo o individuo) que goza de habilidad para movilizar recursos que le permitan alcanzar sus objetivos, que tiene capacidad para ejercer influencia sobre otros actores del sistema y que goza de cierta autonomía. (Barbé, 2007, p. 117)

En este mismo contexto, Pereira afirma que el comportamiento de los actores dentro del sistema internacional está condicionado por un conjunto de factores como pueden ser geográfico, demográfico, o económico; también destaca el factor tecnológico y refiere que:

> [...] el progreso técnico, sea cual sea el campo en el que se aplique, es un factor de transformación social, económica, militar; de mentalidades; que refuerza las desigualdades, estrecha el mundo para hacerlo más

interdependiente y alienta la competición entre los Estados y otros actores internacionales. (Pereira, 2001, p. 29)

Es esta competición entre Estados y otros actores internacionales, la que nos lleva a identificar el segundo elemento clave del sistema internacional, es decir, el *poder* el cual, Max Weber, citado por Pereira, define como la probabilidad de que una orden concreta sea obedecida por un determinado grupo de hombres, a través de la autoridad legítima, el temor y la coacción; y es el mismo Pereira quien enuncia seis criterios básicos que definen el poder de un Estado y son: los recursos económicos, las características del territorio, los factores demográficos, la capacidad científico-tecnológica, el potencial militar, así como la capacidad de influencia cultural e ideológica. Cuando el reparto de poder entre los actores internacionales es desigual, continúa Pereira, se produce una jerarquización de los mismos en cuya tipología podemos encontrar diversos niveles como son las superpotencias, las grandes potencias, las potencias medias, los países en vías de desarrollo o los países menos desarrollados (Pereira, 2001).

La tecnología como elemento de poder

Coinciden pues varios de los autores, en que la capacidad científico-tecnológica o la tecnología debe ser considerada entre los factores que definen el poder de un Estado, y es Daniel Blinder (2017) quien aporta una definición más puntual de este concepto, al referir que la tecnología es un sistema de conocimientos aplicados en base a la ciencia y la técnica, cuyo resultado redunda en sistemas tecnológicos, y cuyos componentes son la educación o conocimiento de los tecnólogos, el sistema productivo o la industria, las instituciones y políticas tecnológicas, así como los artefactos relacionados con ella. Y el mismo Blinder, citando a Morgenthau, refiere que esta:

[...] tecnología constituye un factor determinante en el momento de evaluar el poder, generando una diferencia notable entre quienes la dominan y quien no, en la política mundial; más aún con el empleo del poder nuclear y los cambios que este trajo al concierto mundial. (Blinder, 2017, p. 65)

Para Aznar, en este mismo contexto, la tecnología actual está asociada a una creciente capacidad de acumular conocimientos y su capacidad para rediseñar el mundo es un factor a considerar en términos de seguridad nacional por lo que se le vincula directamente con la política y la geopolítica. Cualquier nueva tecnología, continúa Aznar, cuenta potencialmente con un gran valor disruptivo en tanto que fuente de poder, posibilita la aparición de nuevos paradigmas, por lo que debe de ser considerada como *game changer* o factor de cambio de alto impacto (Aznar, 2019).

Conviene, sin embargo, aludir a los diferentes momentos históricos por los que ha evolucionado la tecnología, específicamente aquella que, en palabras de Aznar, puede considerarse como *game changer;* y al respecto Klaus Schwab identifica "cuatro revoluciones industriales", la primera vinculada al vapor y a la mecanización, la segunda relacionada con la generación eléctrica y la producción en masa; la tercera a la electrónica y las tecnologías de la información, y la cuarta revolución caracterizada la fusión de lo físico, lo digital y lo biológico, y que incluye temas como la robótica, y la biotecnología (Schwab, 2016).

Ante este escenario de la cuarta Revolución Industrial que vivimos, Soriano se cuestiona ¿por qué ahora se ha incrementado el interés en analizar la intersección entre ciencia, tecnología y relaciones internacionales?, y es él mismo quien nos ofrece como respuesta algunos argumentos. En primer lugar, refiere que los problemas que afronta la comunidad internacional son cada vez más globales y transnacionales y requieren de iniciativas científico-tecnológicas; como segundo punto, Soriano alude a la difusión global y acelerada de conocimientos y prácticas científico-tecnológicas que están produciendo, dice, un reequilibrio del poder internacional. Un tercer factor, de acuerdo con Soriano, es el incremento del poder e influencia de las empresas transnacionales dedicadas a cuestiones de ciencia y tecnología; y una cuarta idea, vinculada a la cuarta revolución de Schwab, es que la ciencia, la tecnología y la innovación están cada vez más presentes en la vida cotidiana de las personas, por ejemplo, a través de las tecnologías de la información, la digitalización, la robótica y, por supuesto, la inteligencia artificial (Soriano, 2021).

De este modo, complementa Aznar (2019), la tecnología en un mundo globalizado ha hecho que el juego de dominación que tradicionalmente se ha dado entre los más grandes y los más pequeños, haya pasado a ser entre los más rápidos y los más lentos.

La inteligencia artificial: definición y algunas aplicaciones

Una vez analizado el marco contextual, y sin pretender profundizar en detalles muy técnicos, es pertinente hacer una revisión más puntual sobre el concepto de inteligencia artificial (IA), su evolución, así como de algunos de sus usos y aplicaciones.

Si bien existen numerosas definiciones sobre la IA, son Höne et al, citando a Barr, quienes nos proponen un concepto más integral al referir que la inteligencia artificial es la:

> [...] teoría y el desarrollo de sistemas informáticos capaces de realizar tareas que normalmente requieren inteligencia humana, como la percepción visual, el reconocimiento de voz, la toma de decisiones y traducción de idiomas. (Höne et al., 2019, p. 11)

A lo que Wright (2019) añade que estos sistemas son capaces de analizar datos para predecir y anticipar posibles eventos futuros.

Y es el mismo Wright quien nos describe algunas de las principales áreas de la inteligencia artificial como son: *machine learning*, concepto definido como el conjunto de técnicas y herramientas que permiten a las computadoras "pensar" creando algoritmos matemáticos basados en datos acumulados; *big data*, o activos de información de gran volumen que exigen formas innovadoras y rentables de procesamiento de información para mejorar el conocimiento y la toma de decisiones; o los *digital things*, artefactos de uso común que, sin necesidad de estar conectados a internet, son capaces de percibir, decidir y actuar (Wright, 2019).

Como podemos observar, la inteligencia artificial es un concepto con diversas variantes y por lo mismo, sus aplicaciones son muy vastas y en muy diversos terrenos. De acuerdo con Rao y Verweij (2017), algunos de los sectores y potenciales aplicaciones para la IA son:

> **Sector salud:** diagnósticos y detección temprana de enfermedades mediante el análisis de datos, diagnósticos que requieran análisis de imágenes como radiología o patología; identificación anticipada de posibles pandemias y rastreo de su avance para prevención y contención.

Sector automotriz: creación de flotillas autónomas (sin conductor) o semiautónomas, para viajes compartidos; monitoreo del motor y mantenimiento preventivo autónomo del automóvil.

Servicios financieros: planeación financiera personalizada, detección de fraudes y sistemas antilavado de dinero; automatización de procesos.

Comercio minorista: diseño y producción personalizada, anticipación a la demanda de los consumidores mediante *deep learning*[1]; así como la gestión de los inventarios y la distribución de productos.

Comunicación y entretenimiento: archivo y búsqueda de medios para difundir y recomendar contenidos; creación de contenido personalizado (marketing, cine, música, etcétera). Marketing y publicidad personalizada.

Manufactura: monitoreo mejorado y corrección automática de los procesos de fabricación; optimización de la cadena de suministro y la producción; así como producción bajo demanda.

Sector energético: medición inteligente de la información y en tiempo real sobre el uso de energía, lo que ayuda a reducir las facturas. Operación y almacenamiento de la red más eficiente. Mantenimiento predictivo de infraestructuras.

Transporte y logística: transporte y entrega autónomos, control del tráfico y reducción de la congestión; así como seguridad mejorada.

---

[1] Modelo compuesto por entradas como imagen o audio y varias capas ocultas de submodelos que sirven como entrada para la siguiente capa y en última instancia como salida o función de activación.

La inteligencia artificial en el ámbito
de la política internacional

Por lo expuesto en párrafos anteriores, es evidente el potencial que ofrece esta tecnología para contribuir a la prosperidad y desarrollo económico de un país, pero este potencial también se traslada al ámbito de la política internacional. De acuerdo con el reporte de "Artificial intelligence and international affairs: Disruption anticipated" (Cummings et al., 2018), la inteligencia artificial podría afectar las relaciones internacionales en al menos tres rubros, en primer lugar el análisis de información para una mejor comprensión de la situación mundial; como segundo punto mencionan la predicción de eventos futuros que ayudarán en la toma de decisiones, así como en el diseño de estrategias de negociación y; finalmente, hacen referencia a temas operacionales como el uso autónomo de artefactos que podría trasladarse al ámbito militar.

Sin embargo, en este mismo contexto, existen preocupaciones sobre el curso que este desarrollo tecnológico puede seguir y una de las voces que más se han expresado al respecto es la de Henry Kissinger, diplomático de larga trayectoria y anterior Secretario de Estado y asesor de seguridad nacional de los Estados Unidos. Al respecto, Kissinger asegura que el principal peligro de la IA radica en el cambio de conciencias que esto genera en las nuevas generaciones y que, a diferencia de un conflicto tradicional, el uso de la inteligencia artificial en conflictos del futuro, con la automatización en la toma de decisiones y en otros rubros, anteriormente explicados, y que no sean debidamente controlados, puede tener consecuencias inimaginables para la humanidad (Dvorsky, 2019).

Ante este escenario, hace sentido reflexionar sobre el argumento de Soriano al referir que, los avances científicos y la innovación tecnológica, en este caso la IA, son vistos como instrumentos estratégicos que amplifican la capacidad de proyección del poder e influencia internacional de los estados; y que estos cambios científico-tecnológicos pueden estimular transformaciones radicales en las relaciones internacionales, sobre todo cuando generan ventajas o desventajas, a diferentes estados, y en distintas áreas de actuación internacional (Soriano, 2021). No por nada, Vladimir Putin siendo presidente de Rusia, mencionó en un discurso pronunciado en septiembre de 2017 que:

> [...] la inteligencia artificial es el futuro, no solo para Rusia, sino para toda la humanidad. Presenta oportunidades colosales, pero también

amenazas que son difíciles de predecir. Quien logre liderar esta esfera, liderará el mundo. (Horowitz, 2018, p. 38)

Génesis de la competencia global por la inteligencia artificial

Revisemos cómo ha sido la evolución de esta codiciada tecnología de la IA, hasta llegar a la fecha presente. Al respecto, Mario Torres nos ofrece un repaso histórico sobre la evolución de la IA al referir que el concepto de "inteligencia artificial" fue introducido por primera vez en 1956, durante la conferencia de Dartmouth organizada por John McCarthy, y que en su momento fue definida como "la ciencia e ingeniería de hacer máquinas inteligentes". En 1957, continúa Torres, Frank Rosenblat diseña la primera "red neuronal artificial"; y en 1961, Marvin Minsky publica su artículo *Steps towards artificial intelligence.*

Más tarde, en 1982, el Ministerio de Comercio Internacional e Industria de Japón crea una computadora capaz de realizar cálculos utilizando paralelismo masivo; y en 1997, la empresa IBM crea su ordenador Deep Blue, diseñado para jugar ajedrez y que consiguió ganar al campeón mundial de ese momento, el ruso Gary Kaspárov (Torres, 2021).

Es un evento en mayo de 2017 el que marca un hito en la competencia internacional por el desarrollo de la inteligencia artificial. Quien hace puntual referencia a este suceso es Kai-Fu Lee (2020), quien narra que, en un episodio similar al de Deep Blue 20 años atrás, el campeón mundial de Go[2], el chino, Ke Jie, se enfrentó a la máquina AlphaGo diseñada por Alpha, el gigante de la tecnología propietaria de Google, YouTube y otras reconocidas marcas. Al igual que en 1997, en este evento la máquina salió vencedora, y lo más trascendente de este suceso, como lo refiere Lee, es que funcionó como detonador para que ese China lanzará en ese mismo año, y a través de su líder Xi Jinping, su ambicioso plan para posicionar al gigante asiático como líder de esta tecnología para el 2030 y con una inversión aproximada de 150 billones de dólares.

Y si bien este tema no fue una prioridad para los Estados Unidos durante la administración de Donald Trump, sí lo fue en su momento para la administración Obama y se retoma ahora en el gobierno de Joe Biden,

---

[2] Juego de tablero de estrategia para dos personas. Se originó en China hace más de 2500 años. Fue considerado una de las cuatro artes esenciales de la antigüedad china.

generando una mayor competencia con China en lo que algunos han comparado como una "guerra fría" en el campo de la inteligencia artificial.

¿Quién lidera actualmente la competencia global por la IA?

Ahora bien, en un esfuerzo por monitorear los avances en este tema tanto de China, como de los Estados Unidos y de algunos otros actores internacionales, es que podemos identificar diversos informes muy bien estructurados y documentados sobre el estatus global de la inteligencia artificial; y para efectos de este artículo, revisaremos tres reportes, elaborados cada uno con su respectiva metodología, pero que de alguna manera nos permiten percibir de manera integral, y a la vez contrastada, las posiciones que ocupa cada uno de los actores importantes en esta competición global por la inteligencia artificial. Los informes elegidos para este análisis son el IBM Global AI Adoption Index, el 2022 Global AI Index elaborado por la Universidad de Stanford; y The Global AI Index, cuya investigación fue realizada por Tortoise Media, del Reino Unido.

IBM Global AI Adoption Index

Este estudio fue realizado en 7,502 empresas de 19 países con el objetivo de identificar el nivel de adopción que la inteligencia artificial está teniendo a nivel mundial, y entre los resultados más destacados podemos mencionar que en el terreno de la implementación de la IA como un recurso para la productividad empresarial, China se encuentra en el primer lugar con un 58 % de las firmas analizadas operando ya con algún tipo de IA, seguido de India, Italia, Singapur y Emiratos Árabes Unidos; mientras que en lo relativo a la exploración de esta tecnología, Canadá encabeza la lista con un 48 % de sus empresas estudiadas explorando el uso de la inteligencia artificial, seguido del Reino Unido, Singapur, Corea del Sur y España.

Otros datos importantes que arroja este estudio es que China es el país que más rápidamente está avanzando en el uso de la IA, y es el sector automotriz, el que más se inclina por adoptar esta tecnología; además de que 1 de cada 4 de las empresas analizadas recurre a la inteligencia artificial debido a la falta de personal, mientras que 1 de cada 5 lo hace por el tema ambiental (IBM Corporation, 2022).

Este estudio se viene elaborando anualmente como una iniciativa del Stanford Institute for Human-Centered Artificial Intelligence (HAI) con el objetivo de presentar un panorama general sobre el estado de la inteligencia artificial en el mundo. Recurren a diversas instituciones tanto públicas como privadas, así como corporativas, académicas o gubernamentales para presentar sus resultados con una visión más integral.

En el rubro de investigación y desarrollo, el estudio nos presenta a los Estados Unidos y China como los que encabezan la lista, siendo este último país el que cuenta con más documentos de investigación elaborados, así como el ritmo más acelerado en la producción de conocimientos relacionados con la IA. Estados Unidos se presenta como el país con la mayor inversión privada para el establecimiento de nuevas compañías (*startups*) relacionadas con la IA; mientras que Nueva Zelanda, Irlanda, Luxemburgo y Suecia, van a la cabeza en la contratación de personal dedicado a funciones relacionadas con la inteligencia artificial. En lo que se refiere a la actividad política, España y Reino Unido, junto con los Estados Unidos, son los más activos en el tema de la legislación sobre inteligencia artificial, ya sea para regularla o para agilizar su desarrollo (Clark y Perrault, 2022).

The Global AI Index

Desde nuestra perspectiva, es este tercer reporte el que realiza una revisión más integral sobre el papel que juegan los diferentes países en esta "competencia" por liderar el dominio de la inteligencia artificial. Monitorean un total de 62 países con una metodología soportada en 3 pilares que son inversión, innovación y desarrollo; y que incluye el análisis de diversos indicadores y métricas clasificados de la siguiente manera[3]:

> **Desarrollo de talento:** cuyo enfoque es la disponibilidad de profesionales capacitados para la provisión de soluciones de inteligencia artificial. En este rubro aparecen los Estados Unidos encabezando el ranking de países, seguidos de India, Reino Unido, Singapur e Israel.

---

[3] La metodología explica a detalle se puede consultar en Tortoise Media, 2021.

Infraestructura: se centra en la confiabilidad y la escala de la infraestructura de acceso, desde electricidad e internet hasta capacidades de computación muy avanzada. Este sector es liderado por China, seguido por Hong Kong, Luxemburgo, Estados Unidos e Irlanda.

Entorno operacional: analiza el contexto regulatorio y la opinión pública en torno a la inteligencia artificial. En lo que respecta a esta área, el primer lugar lo tiene Arabia Saudita seguido de Polonia, México[4], Eslovenia y Canadá.

Investigación: revisa el alcance de la investigación, así como a los investigadores especializados; monitoreando la cantidad de publicaciones y citas en revistas académicas creíbles relacionadas con la IA. En investigación la lista es encabezada por los Estados Unidos, con China, Suiza, Singapur y Reino Unido incluidos también dentro de los primeros 5 lugares.

Desarrollo: se centra en el desarrollo de plataformas y algoritmos fundamentales sobre los que se basan los proyectos innovadores de inteligencia artificial. El país líder en desarrollo de inteligencia artificial, según este reporte son los Estados Unidos, seguidos de China, Corea del Sur, Australia y Japón.

Proyectos comerciales: con enfoque en el nivel de actividad de las *startups,* inversiones e iniciativas empresariales basadas en inteligencia artificial. En lo relacionado con el desarrollo empresarial, Estados Unidos aparece nuevamente en primer lugar, seguido de China, Israel, Reino Unido y Singapur.

Estrategia gubernamental: revisa la profundidad del compromiso del gobierno nacional con la inteligencia artificial, monitoreando los compromisos de gasto público y las estrategias nacionales. Este último rubro tiene a Canadá a la cabeza del ranking, seguido de China, Arabia Saudita, España y Francia (Tortoise Media, 2021).

---

[4] Nos llama la atención que México destaca en este rubro como uno de los cinco primeros, cuando en el resto de las categorías se encuentran muy por debajo.

Como se puede observar, existen coincidencias y discrepancias entre estos distintos reportes, cada uno elaborado con su metodología muy particular, sin embargo, es muy clara la presencia de China y Estados Unidos en prácticamente la totalidad de los rubros analizados, lo que evidencia que la competencia más intensa por dominar la industria será entre estos dos países. Y cabe aquí mencionar que, aunque no se mide su avance de manera específica, la Unión Europea también está actuando en bloque y de manera colaborativa para desarrollar la inteligencia artificial y aprovechar sus beneficios de acuerdo con sus intereses regionales.

A continuación, revisaremos de manera más puntual qué es lo que se está trabajando por país, intentando al mismo tiempo, identificar cuáles son algunas de las firmas más representativas en el entorno de la inteligencia artificial aplicada. Para efectos de este trabajo se eligió a los Estados Unidos, China, Singapur, India y el Reino Unido; sin por esto restar importancia a los avances que se están generando en otros países.

Estados Unidos

En acuerdo con los análisis de McKinsey de 2021 la inteligencia artificial en los negocios está creciendo año con año y podemos afirmar que una fuerte y creciente tendencia son los servicios operativos y los de desarrollo, siendo estos últimos ligados también a productos (Chui et al., 2021).

En el caso de Estados Unidos tenemos dos enfoques: el privado y el público. El privado con un crecimiento de inversión importante en el periodo 2020-2021 en el uso de la IA, siendo este de más del doble respecto al año anterior, con un total de $ 93.5 miles de millones de dólares de inversión, esta inversión progresiva ha hecho que la investigación robótica cada vez sea más accesible, por ejemplo en el caso de los brazos robóticos, sus costos han ido decrementando de $ 42,000 USD en 2017 a $ 22,600 en 2021 debido a la optimización del *machine learning* dentro del país (Clark y Perrault, 2022).

El enfoque público dentro de los Estados Unidos cuenta con la Iniciativa Nacional de Inteligencia Artificial, que se especializa en el uso y promoción de inteligencia artificial en todos los sectores dentro del país, por ejemplo el Departamento de Defensa utiliza un método de cuatro pasos para implementar la inteligencia artificial en su territorio: diseño, desarrollo, despliegue y uso, combinando la ética dentro de sus pasos, lo cual la llaman "RAI" o inteligencia artificial responsable, teniendo como ejemplo el nuevo plan 2023-2027 de inteligencia artificial para la comisión reguladora nuclear (Department of Defense, 2022).

Con lo anterior podemos afirmar que la inteligencia artificial ha ido en aumento dentro del mercado estadounidense, pero ¿qué podemos decir para el usuario promedio? En casos específicos tenemos a la empresa americana Google que tiene una plataforma de inteligencia artificial libre para todos los usuarios, donde le permite a cualquier usuario crear y entrenar su propio modelo de inteligencia artificial, esto no solo beneficia a la empresa para generar su propia inteligencia artificial y así crear mejores servicios y modelos logísticos, sino que, a su vez, le permite a los usuarios empezar a familiarizarse con la inteligencia artificial en el mercado y así empatizar con esta misma (Google, 2022).

China

Como se evidenció en párrafos anteriores, China es otro gigante respecto a la inteligencia artificial, el uso de esta tecnología en su mercado también se divide en dos sectores, el público y el privado, identificando que en el lado público existen dos legislaciones que permiten la IA en acuerdo con el reporte sobre inteligencia artificial de 2022 de la universidad de Stanford. Una de estas legislaciones, la llamada "Law of the People's Republic of China on Basic Medical and Health Care and the Promotion of Health" tiene como objetivo la implementación de inteligencia artificial en el área medicinal, con el manejo de *big data* permitiendo la aceleración de la información en el área y así agilizar la construcción de infraestructura médica (Clark et al., 2022).

En el sector privado China se encuentra en segundo lugar de inversión, con $ 17.2 mil millones de dólares. Aunque este sea tres veces menor al de Estados Unidos, sigue siendo una alta inversión a este mercado a comparación con el resto del mundo y esta inversión tiene una estimación que añada $ 600 mil millones de dólares a su economía para el 2030 según el reporte de QuantumBlack realizado por McKinsey (Shen, 2022).

Toca hablar en específico en el mercado chino, cuyos líderes del mercado en el uso de inteligencia artificial son las empresas Alibaba y ByteDance. Por un lado tenemos a Alibaba, empresa enfocada a ventas al mayoreo y menudeo por internet, superando en ventas a sus dos principales competidores que son eBay y Amazon combinados; por otro lado tenemos a la empresa ByteDance que es mayormente conocida por su aplicación TikTok la cual ha ganado popularidad estos últimos años, ambas utilizan la inteligencia artificial para manejo de información, establecer lazos con el cliente, incrementar márgenes de utilidad y hacer evaluación de mercados (Shen, 2022).

China se está enfocando en cuatro mercados principales, los cuales son: automóviles, transporte y logística, manufactura, desarrollo de software, así como ciencias y servicios de salud, siendo los mercados más grandes el de automóviles y el de transporte y logística, lo que nos da a entender que China es un país enfocado al análisis de datos y manufactura.

Singapur

La palabra que podría describir a Singapur respecto a la inteligencia artificial se refiere es "automatización", siempre estando entre los primeros siete puestos en las áreas de: finanzas, hardware, manufactura y software. Singapur es un país que ha apostado a automatizar todo lo posible tecnológicamente, y eso es una de las razones que lo pone en la cabeza en la demanda de trabajos relacionados con la inteligencia artificial; siendo el primer lugar con 2.33 % de la demanda total, a comparación del segundo lugar con 0.90 %, que son los Estados Unidos.

El gobierno de Singapur creó la Fundación de Investigación Nacional para establecer objetivos sobre el uso de nuevas tecnologías en el país. En el área de inteligencia artificial estos objetivos son, el uso de la inteligencia artificial para mejorar sistemas sociales y de industria, así como el manejo de tráfico y del sector salud; el segundo objetivo es invertir en capacidades para estar al margen de la siguiente ola de innovación, enfocada en mejorar las ciencias computacionales y la tercer meta del gobierno de Singapur es ayudar a las empresas a utilizar sistemas de inteligencia artificial para aumentar su productividad, ya sea en el área logística o de innovación (Singapore Government, 2022).

Un ejemplo de una firma dentro del país que utiliza la IA es el banco DBS que junto a Amazon Web Services han creado un programa de entrenamiento para jóvenes llamado "DBS X AWS DeepRacer League", para aprender lo fundamental de inteligencia artificial, esto con la finalidad de que el mercado financiero dentro de Singapur sea más seguro y esté a la par con los avances tecnológicos a nivel mundial. El uso de la inteligencia artificial dentro de DBS Group es la seguridad financiera y el contacto con sus clientes, automatizando procesos financieros para hacerlos más exactos y rápidos (DBS, 2020).

India

Uno de los países que más utiliza la inteligencia artificial a nivel mundial dentro de su mercado laboral es India, teniendo el puesto número uno en la intensidad del uso de habilidades relacionadas con la IA de acuerdo con el reporte de inteligencia artificial de 2022 de la Universidad Stanford, lo anterior se mide de la siguiente manera: el promedio de uso de la inteligencia artificial es 1, en este caso India se encuentra en el primer puesto con 3.09, esto quiere decir que India utiliza 3.09 veces más las habilidades en promedio en inteligencia artificial que el promedio a nivel mundial, pero ¿en qué áreas las utiliza y cómo? Según el reporte de Stanford, India lidera todos los campos investigados sobre uso de habilidades en educación, finanzas, hardware, manufactura y software. A su vez, teniendo un empate con Reino Unido en la inversión del sector privado en este campo, con una inversión de $ 10.8 mil millones de USD (Clark et al., 2022).

En el sector público encontramos la misión del gobierno Indio que se enfoca en tres áreas principales, la primera impulsada por el gobierno de la unión en India y rectificada por el primer ministro Narendra Modi; tiene como objetivo impulsar el área del hardware y manufactura en electrónicos. El segundo objetivo es la misión Atal para la innovación, propuesta por la comisión "NITI Aayog" de India, su meta es la implementación de IA en la educación (Aayog, 2020); por último, se proponen disminuir las barreras del lenguaje automatizando traductores con la implementación de inteligencia artificial, propuesta por el ministro de electrónica e información tecnológica de India (India AI, 2022a).

Un ejemplo del área privada es la empresa Swiggy, que se especializa en pedidos de comida en línea y entrega desde el 2014. Desde el año 2018 ha implementado la inteligencia artificial principalmente en los campos de catálogo inteligente, inteligencia del cliente, localización inteligente, así como desarrollar las capacidades dinámicas del restaurante con los conductores. Esta última está enfocada en ahorrar los tiempos de entrega (SPJIMR PGPM, 2019).

Reino Unido

Finalmente nos toca hablar del Reino Unido, como líder en inversión en inteligencia artificial del continente europeo, a nivel global queda en un tercer puesto, solo superado por China y Estados Unidos, con una inversión en el sector privado de $ 4.65 mil millones de USD en el 2021, y una inversión total desde el 2013 hasta el 2021 de $ 10.8 mil millones de USD; empatando así con India en lo que a inversión total se refiere, y subiendo así varios puestos gracias a que la inversión de este último año será de un 43.05 % de su inversión total de los últimos años, lo que nos deja en claro que ha tenido un aumento significante la importancia de la IA dentro del Reino Unido.

En que se refiere al sector público el plan nacional a 10 años del Reino Unido, publicado en septiembre de 2021 tiene como objetivo la generalización de la inteligencia artificial, intentando sacar provecho a cada región y sector del mercado, y así seguir siendo líderes dentro del desarrollo e implementación de esta tecnología; a su vez, con inversiones en el área de seguridad nacional y seguimientos éticos; lo anterior con el objetivo de que se vea reflejado en el crecimiento del PIB del país. Todo esto se sostiene con tres pilares fundamentales que son los tipos de estrategias que seguirán para poder lograr sus metas, y que son: Invertir en necesidades a largo plazo para el ecosistema de la IA, apoyar los beneficios de la IA en todos los sectores y gobernar efectivamente los usos de la IA (HM Government, 2021).

Reino Unido en el sector privado tiene a dos grandes inversionistas en esta tecnología, las empresas energéticas Shell y British Petroleum (BP) son claro ejemplo de esto. La empresa Shell está invirtiendo en inteligencia artificial para automatizar los procesos sistemáticos, en otras palabras, invertir en *big data*, a su vez, la inteligencia artificial ayuda a identificar anomalías para evitar catástrofes y predecir riesgos, lo cual apoya a las plantas para ser más eficientes. Lo anterior trae beneficios no solo a la empresa, ya que al optimizar todas estas áreas hacen que el costo sea menor y más ecológico haciendo este beneficio generalizado (Shell, 2022). Por otro lado, tenemos a BP, otro gigante energético cuya inversión en inteligencia artificial ha sido por medio de Belmont Technology's Series, una empresa encargada en mejorar los sistemas de inteligencia artificial a sus inversores, siendo BP el mayor inversionista con un capital de $ 5 millones de dólares. Esto con el objetivo de encontrar nuevas conexiones logísticas, geológicas y de trabajo, para crear una interpretación rápida de los resultados y creando simulaciones automatizadas. Esta inversión en análisis de datos o *big data* ha dado como resultado una reducción del 90 % en la recolección de datos, su interpretación y simulación (British Petroleum, 2019).

Conclusiones

Sin lugar a dudas vivimos en la era de la perplejidad, es decir, en tiempos en los que cada día somos testigos de algo que nos sorprende para bien o para mal, y en ámbitos tan diversos como el político, el social o, como en el caso de este trabajo, el del desarrollo tecnológico.

La inteligencia artificial puede analizarse desde muchas perspectivas, por ejemplo, sus aplicaciones para la vida diaria, sus beneficios para la productividad empresarial; también como un "objeto codiciado" al que muchos países aspiran, no solo a alcanzar, sino liderar en todos los sentidos por el poder que esto les puede otorgar dentro del sistema internacional.

Ciertamente, las estrategias en cuanto al desarrollo de la IA de cada país, dependerán de qué tan prioritario sea para el gobierno en turno, o qué tanta intervención haya de la iniciativa privada, pero con este trabajo queda en evidencia que tanto China como los Estados Unidos van a la cabeza en esta competencia. Una nueva "guerra fría" entres dos potencias que, si bien, no se destaca por el componente militar, si por el potencial para dominar en otros aspectos que favorecen el desarrollo económico como la educación, el control de las cadenas de suministro, o el desarrollo energético.

Es un hecho que conforme avance su desarrollo, la inteligencia artificial será un *game changer* por los efectos que tendrá para bien, o quizá no tanto, en la vida diaria de las personas, sin embargo, hay que reconocer que, como ha sucedido con cualquier otra tecnología de vanguardia o de última generación, no todos los países cuentan con los mismos recursos para poder avanzar al mismo ritmo en su implementación, por lo que se espera que la brecha tecnológica haga más evidente las diferencias entre los países desarrollados y aquellos menos desarrollados; o visto desde otro ángulo, entre los países más rápidos y los más lentos para adoptar esta tecnología.

Referencias

Artículos, capítulos y libros

Aznar, F. (2019). La inteligencia artificial como factor geopolítico. *Boletín IEEE*, (14), 262-281. https://dialnet.unirioja.es/servlet/articulo?codigo=7264320

Barbé, E. (2007). *Relaciones internacionales* (3a. ed.). Tecnos.

Blinder, D. (2017). El vínculo entre tecnología y relaciones internacionales: un primer abordaje y las proyecciones sobre el poder en el mundo. *Revista Argentina De Sociología*, *11*(19), 60-81. https://ri.conicet.gov.ar/handle/11336/77917

Cummings, M. L., Roff, H. M., Cukier, K., Parakilas, J. y Bryce, H. (2018). Artificial Intelligence and International Affairs: Disruption Anticipated. *Chatham House.* https://www.chathamhouse.org/sites/default/files/publications/research/2018-06-14-artificial-intelligence-international-affairs-cummings-roff-cukier-parakilas-bryce.pdf

Horowitz, M. C. (2018). Artificial intelligence, international competition and the balance of power. *Texas National Security Review*, *1*(3) https://repositories.lib.utexas.edu/bitstream/handle/2152/65638/TNSR-Vol-1-Iss-3_Horowitz.pdf?sequence=2&isAllowed=y

Huiling, E. y Goh, B. (2017). AI, Robotics and Mobility as a Service: the Case of. *Facts Reports. Field Actions Science Reports*, (17), 26-29. http://journals.openedition.org/factsreports/4411

Lee, K. (2020). *Superpotencias de la inteligencia artificial: China, Silicon Valley y el nuevo orden mundial* (1a. ed.). Ediciones Deusto.

Pereira, J. C. (2001). *Historia de las relaciones internacionales contemporáneas* (1ª. ed.). Ariel.

Torres, M. (2021). La UE y la gobernanza ética de la inteligencia artificial: Inteligencia artificial y diplomacia. *Cuadernos Salmantinos de Filosofía*, (48), 213-234. https://revistas.upsa.es/index.php/cuadernossalmantinos/article/download/302/231/784

Schwab, K. (2016). *The Fourth Industrial Revolution*. World Economic Forum.

Soriano, J. P. (2021). Ciencia, tecnología y relaciones internacionales: historias de poder, de esperanza y de normas e identidades. *Revista Electrónica De Estudios Internacionales (REEI)*, (42), 1. https://dialnet.unirioja.es/servlet/articulo?codigo=8202323

Wright, N. D. (Ed.). (2019). *Artificial Intelligence, China, Russia, and the Global Order*. Air University Press. https://www.airuniversity.af.edu/Portals/10/AUPress/ Books/B_0161_WRIGHT_ARTIFICIAL_INTELLIGENCE_CHINA_ RUSSIA_AND_THE_GLOBAL_ORDER.PDF

Recursos electrónicos

Aayog, N. (2020). Atal Innovation Mission. *ndiaai.gov.* https://indiaai.gov.in/ missions/atal-innovation-mission

British Petroleum. (2019, enero 28). BP invests in new artificial intelligence technology. *BP.com.* https://www.bp.com/en/global/corporate/news-and-insights/press-releases/bp-invests-in-new-artificial-intelligence-technology.html

Chui, M., Hall, B., Sigla, A. y Sukharevsky, A. (2021, diciembre 8). The state of AI in 2021. *QuantumBlackAIbyMcKinsey.* https://www.mckinsey.com/capabilities/quantumblack/our-insights/global-survey-the-state-of-ai-in-2021

Clark, J. y Perrault, R. (2022). *Artificial Intelligence Index Report 2022. Stanford University*. https://aiindex.stanford.edu/wp-content/uploads/2022/03/2022-AI-Index-Report_Master.pdf

DBS. (2020, agosto 17). DBS upskills employees in Artificial Intelligence & Machine Learning through gamified learning. *DBS.com.* https://www.dbs.com/newsroom/DBS_upskills_employees_in_Artificial_Intelligence_and_Machine_Learning_through_gamified_learning

Department of Defense (2022, junio). *U.S. Department of Defense Responsible Artificial Intelligence Strategy and Implementation Pathway.* [Archivo PDF]. https://media.defense.gov/2022/Jun/22/2003022604/-1/-1/0/Department-of-Defense-Responsible-Artificial-Intelligence-Strategy-and-Implementation-Pathway.PDF

Digital Watch Observatory. (2022). Artificial intelligence. *DigiWatch. Geneva Internet Platform.* https://dig.watch/technologies/artificial-intelligence

Dvorsky, G. (2019, noviembre 5). Henry Kissinger Warns That AI Will Fundamentally Alter Human Consciousness. *Gizmodo.* https://gizmodo.com/henry-kissinger-warns-that-ai-will-fundamentally-alter-1839642809

Google. (2022, julio 21). Introducción a AI Platform. *Cloud Google.* https://cloud.google.com/ai-platform/docs/technical-overview?hl=es-419

HM Government. (2021, septiembre 1). *National AI Strategy* [Archivo PDF]. https://assets.publishing.service.gov.uk/government/uploads/system/uploads/attachment_data/file/1020402/National_AI_Strategy_-_PDF_version.pdf

Höne, K. E., Hibbard, L. y Maciel, M. (2019, enero). *Mapping the challenges and opportunities of artificial intelligence for the conduct of diplomacy.* Diplo-Foundation [Archivo PDF]. https://www.diplomacy.edu/wp-content/uploads/2019/02/AI-diplo-report.pdf

IBM Corporation. (2022, mayo). *IBM Global AI Adoption Index 2022. Morning Consult* [Archivo PDF]. https://www.ibm.com/downloads/cas/GVAGA3JP

India AI. (2022a). National mission on natural language translation. *Indiaai.gov.* https://indiaai.gov.in/missions/national-mission-on-natural-language-translation

India AI. (2022b, julio 21). National semiconductor mission for a new era in electronics. *Indiaai.gov.* https://indiaai.gov.in/missions/national-semiconductor-mission-for-a-new-era-in-electronics

Rao, A. y Verweij, G. (2017). *Sizing the prize: What's the real value of AI for your business and how can you capitalise?* PwC [Archivo PDF]. https://www.pwc.com/gx/en/issues/analytics/assets/pwc-ai-analysis-sizing-the-prize-report.pdf

Shen, K., Tong, X., Wu, T. y Zhang, F. (2022). The next frontier for AI in China could add $ 600 billion to its economy. *QuantumBlack AI by McKinsey.* https://www.mckinsey.com/capabilities/quantumblack/our-insights/the-next-frontier-for-ai-in-china-could-add-600-billion-to-its-economy

Singapore Government. (2022, julio 20). AI Singapore. *National Research Foundation.* https://www.nrf.gov.sg/programmes

SPJIMR PGPM. (2019, septiembre 20). *Samavesh 2019 - Dale Vaz (Swiggy), on Artificial Intelligence at SPJIMR* [Archivo de Vídeo]. YouTube. https://www.youtube.com/watch?v=C73ImxTHIrY&t=678s&ab_channel=SPJIMRPGPM

Tortoise Media. (2021). *The Global AI Index. Methodology.* [Archivo PDF]. https://www.tortoisemedia.com/wp-content/uploads/sites/3/2021/12/Global-AI-Index-Methodology-3.0-211201-v2.pdf

LAVADO DE DINERO Y LA INTELIGENCIA ARTIFICIAL EN MÉXICO

Ma. Guadalupe Torres Pulido
Universidad Panamericana

Resumen

El Servicio de Administración Tributario (SAT) utiliza la inteligencia artificial (IA) para llevar a cabo la fiscalización de millones de transacciones en México a través del uso obligatorio de los Comprobantes Fiscales Digitales por Internet (CFDI) como medio de reconocimiento de los ingresos y deducibilidad de las operaciones económicas que realizan los contribuyentes. El presente artículo tiene como objetivo evidenciar la forma en que los datos con los que ya cuenta la autoridad, pueden ser utilizados para revisar el cumplimiento de algunas de las obligaciones de la Ley de Federal para la Prevención e Identificación de Operaciones de Recursos de Procedencia Ilícita (LFPIORPI) a quienes realizan actividades vulnerables reduciendo cargas administrativas a los sujetos obligados y facilitando la actuación de la autoridad toda vez que la Unidad de Inteligencia Financiera (UIF) recibe las altas y avisos a través del portal del SAT.

Palabras clave: prevención de lavado de dinero, *machine learning*, inteligencia artificial, actividades vulnerables, comprobante fiscal digital por internet.

Introducción

El delito de lavado de dinero (LD) se ha convertido en un ilícito a nivel mundial que compromete la economía de las naciones y la seguridad nacional de las mismas. Se caracteriza porque existen delitos precedentes como narcotráfico, secuestro o corrupción entre otros, por lo que es imperativo para los delincuentes insertar los recursos obtenidos de la comisión de los mismos en la economía formal a fin de desvincular los montos económicos de las actividades delictivas. A su vez, es un delito complejo que tiene muchas dificultades para realizar en forma adecuada su prevención y persecución. En los últimos años se ha incrementado el número de estudios sobre el tema, sin embargo, el acceso a los datos de esta materia es un problema sin resolver para los investigadores porque existe un número limitado de bases de datos públicas disponibles en el mundo y en México la dificultad se incrementa.

En cuanto a los vertiginosos cambios tecnológicos que se han desarrollado en las últimas décadas, el desarrollo de la IA ha permitido que las computadoras realicen actividades que antes solo realizaban los seres humanos con un reducción significativa de costos, fiabilidad de la información y con reducciones importantes de tiempo de procesamiento de los datos (Agrawal et al., 2017).

Las autoridades tributarias en México desde 2017 utilizan la IA para procesar la información de los contribuyentes que le ha permitido mejorar los procesos de fiscalización e identificación de operaciones simuladas en cortos periodos de tiempo. La UIF utiliza esta plataforma tecnológica para que quienes realicen actividades vulnerables (AV) en materia de la LFPIORPI presenten el alta y avisos que les obliga. Los CFDI cuentan con gran cantidad de información que permitirían a la UIF generar bases de datos confiables que permitan abatir el error humano y la prevención oportuna en la lucha para combatir el LD. El presente artículo tiene como objetivo evidenciar cómo la información con la que cuenta la autoridad en los CFDI y el uso de la IA puede ser utilizada para disminuir cargas administrativas y sanciones a los obligados de esta ley y generar información en tiempo real y con márgenes mínimos de error que permita combatir el delito de LD.

El *machine learning* como parte de la inteligencia artificial

Los cambios radicales de la tecnología han sufrido grandes avances en los últimos años y el hilo semiconductor de esta revolución en un primer momento fue la aritmética que permitió la creación de computadoras las cuales realizaron millones de operaciones que dieron lugar a nuevas aplicaciones para ser usadas en diferentes ámbitos (Agrawal et al., 2017).

El uso de la IA presenta la predicción como "la habilidad de tomar información que se tiene y generar información que no se tiene previamente" (Agrawal et al., 2017, p. 23), una de las herramientas de la IA que permite hacer lo anterior es el *machine learning* que son programas de computadora que tienen la capacidad de aprender del procesamiento de datos a partir de la experiencia (Oliver, 2021).

El procesamiento de gran cantidad de datos y los algoritmos se han implementado desde hace algunas décadas, pero los avances que se han tenido en cuanto a velocidad de las computadoras, almacenamiento y recuperación de datos combinados con los primeros han permitido que los costos de las predicciones que se realizan sean bajo y generan un gran valor por lo que se han vuelto accesibles para un gran número de tareas en donde se pueden establecer y/o identificar correlaciones, anomalías, asociaciones o cambios significativos (Agrawal et al., 2017).

En el ámbito de la prevención de delitos se ha utilizado esta tecnología como el Sistema de Alerta Temprana para Delitos de Cuello Blanco que White Collar Crime Risk Zone o el PredPol desarrollado por la UCLA y la policía de Los Ángeles tal como lo enuncia Lascurain (2021).

El Servicio de Administración Tributaria
y el uso de la inteligencia artificial

Desde 2004, se instauró en el país el uso de firmas electrónicas avanzadas descritas por Rasteletti como:

> [...] algoritmos de criptografía asimétricos, que tienen fundamento en un problema matemático sin solución, conformados por dos llaves o claves matemáticamente relacionadas para la codificación de mensajes electrónicos. (2018, p. 83)

Convertidos en método de autenticación y se conocen como e-firma, la cual tiene los mismos efectos legales de la firma autógrafa. Esto ha trascendido el ámbito fiscal porque ya es utilizada para el cumplimiento de obligaciones de la Administración Pública Federal.

Los certificados de sellos digital (CSD) son:

> [...] firmas electrónicas de uso específico, derivadas directamente de una e-firma, que son utilizados por el SAT para sellar o firmar comprobantes fiscales digitales a los cuales es posible atribuirles autoría y garantizar su no repudio. (Rasteletti, 2108, p. 84)

La existencia de e-firma y de los CSD son elementos que han permitido el establecimiento en México del CFDI como el único medio para emitir comprobantes fiscales por los ingresos que perciban, convirtiéndose en un país pionero en el continente en el uso de esta tecnología.

Para garantizar el acceso y la utilización de los servicios electrónicos se implementaron mecanismos de seguridad para identificar de manera plena a los usuarios y permitir así el sustento y reconocimiento legal requeridos a los actos que se realizan a través de medios electrónicos de estos servicios vinculando el Registro Federal de Contribuyente (RFC) a una contraseña como un medio único, personal e intransferible o a la e-firma, son las dos formas en que un contribuyente puede ingresar al portal del SAT, pero existen ciertos trámites que solo pueden realizarse utilizando la e-firma (Rasteletti, 2018).

El Código Fiscal de la Federación (CFF) establece en el artículo 29 párrafos primero y segundo, fracción IV y penúltimo párrafo, junto con el artículo 39 del Reglamento del CFF y relacionado con la Resolución Miscelánea Fiscal vigente, en el capítulo 2.7 "De los Comprobantes Fiscales por Internet o Factura Electrónica" en su regla 2.7.5.4 que los contribuyentes personas físicas o morales tienen la obligación de expedir CFDI.

El artículo 29-A del CFF establece los requisitos que deben contener los CFDI y en relación con esto, el artículo 29 fracción VI enuncia deben cumplir las especificaciones en materia informática que determine el SAT en las reglas de carácter general, la misma fracción menciona además que la autenticidad de los comprobantes se puede consultar a través del portal del SAT en donde se podrá verificar:

> [...] si el número de folio que ampara el comprobante fiscal digital fue autorizado al emisor y si al momento de la emisión del comprobante

fiscal digital, el certificado que ampare el sello digital se encontraba vigente y registrado. (CFF, Art. 29 fr. VI)

Por lo que se pueden apreciar los candados que brindan certeza sobre las operaciones que se realizan tanto para el emisor como el receptor.

Aunado a lo anterior, el comprobante contiene un número de serie que utiliza el contribuyente para llevar los controles internos de su información y el folio fiscal conocido también como UUID por sus siglas en inglés que significa identificador único universal que se compone de 32 dígitos y se forma con números del 0 al 9 y de las 6 primeras letras del alfabeto, se dividen en grupos que se separan por guiones y que no tienen ninguna secuencia lógica además utiliza un estándar tecnológico en lenguaje XML (eXtensible Markup Language) con reconocimiento internacional y que permite estructurar la información a través de reglas de validación para el registro de información que se clasifican en aritméticas, de congruencia y condicionales a fin de disminuir la posibilidad de errores y garantizar que la información entregada sea consistente y de calidad (SAT, 2018).

Expone Lascurain (2021) que en el 2017 el SAT hace público el uso del ML para recopilar un gran volumen de datos de las facturas electrónicas agrupados en algoritmos matemáticos que permitirán aprendizajes automáticos y reconocimientos de patrones para elaborar reglas y predicciones con los que se podrán detectar a aquellos contribuyentes que simulan operaciones o incumplen con sus obligaciones tributarias.

En concordancia con lo anterior, la configuración básica del CFDI 4.0, los tipos de comprobantes que se pueden emitir son: ingreso, egreso, nómina, traslado, de retenciones e información de pago. Cada una cumple con una función específica en las operaciones que realizan los contribuyentes y por lo tanto contiene múltiples datos que la autoridad utiliza con el ML de la IA: ha automatizado procesos y realizado cruces de información de los datos contenidos en los CFDI que permiten detectar incumplimiento de obligaciones, operaciones simuladas y evasión fiscal, todo ello con el incremento de la recaudación y la mejora de los controles fiscales, remitirse al anexo 1 para identificar los campos básicos de información que tiene el CFDI.

A partir de su implementación, existe un incremento de cuatro puntos porcentuales del producto interno bruto (PIB) del país pasando del 9.6 % en 2013 al 13.6 % en 2021 por concepto de ingresos tributarios del Gobierno federal. En 2013 se tuvieron un monto de recaudación tributaria nominal de 1,562 mil millones de pesos corrientes y al cierre de 2021 3,567 mil millones de pesos (SHCP y SAT, 2022a). Existen problemas que impiden que esta cifra se incremente porque la tasa de informalidad laboral en el país es de 55.8 % y la economía informal representa el 23.7 % del PIB de acuerdo con la información del Instituto Nacional de Geografía y Estadística en 2021 (Inegi, 2022).

Las actividades vulnerables y el uso de la inteligencia artificial del SAT

México ha suscrito el compromiso internacional a través de la adhesión a tratados y convenciones y se ha firmado como parte del Grupo de Acción Financiera (GAFI) para luchar contra el lavado de dinero que se estima corresponde al 2.7 % del PIB mundial, convirtiéndose así en un delito internacional que tiene siempre otros delitos precedentes como narcotráfico, trata de blancas y secuestro entre otros.

El ciclo de lavado de dinero se compone de tres fases: colocación, estratificación e integración. En la colocación los delincuentes utilizan los recursos obtenidos de manera ilícita para convertirlos en instrumentos monetarios o depositarlos en una institución financiera o ambos. En la estratificación estos fondos pasan a otras personas o instituciones financieras a través de transferencias electrónicas, cheques, giros postales o diferentes métodos. Por último, en la integración el dinero se utiliza para comprar bienes legítimos o financiar empresas que se convierten en parte de la economía formal (CNBV, 2022; Ha et al., 2020).

Es por ello que el 2012 se publica la LFPIORPI que tiene como "objeto proteger al sistema financiero y la economía nacional, estableciendo medidas y procedimientos para prevenir y detectar actos u operaciones que involucren recursos de procedencia ilícita" (SHCP, 2023a, fig. 1), a fin de evitar que las organizaciones criminales utilicen los recursos para su financiamiento, que como consecuencia podría tener una desestabilización de la economía nacional.

Por lo anterior, esta ley de administrativa reglamenta el uso del efectivo y define cuáles son aquellas actividades económicas no financieras que se consideran "vulnerables" y que se enuncian en el artículo 17 de este cuerpo normativo las cuales entre otras obligaciones que se verán en los párrafos siguientes están sujetas a umbrales de identificación y aviso en función de los montos de las transacciones que realizan, en el anexo

2 se detalla cuáles son estas actividades que se consideran pueden ser utilizadas por los grupos delincuenciales, y los montos para los umbrales de identificación y aviso que tiene cada una de ellas.

La LFPIORPI establece que quienes realicen actividades vulnerables tendrán que cumplir con las siguientes obligaciones contenidas en los artículos 18 al 24:

a) Realizar el trámite de alta y registro ante el SAT antes de que se presente el primer aviso, por lo que es necesario contar con la inscripción en el RFC y contar con el certificado de la e-firma atendiendo a las Reglas de Carácter General a que se refiere la Ley a fin de que el órgano desconcentrado pueda contar con la información en esto términos.

b) Identificar a los clientes y usuarios de acuerdo con lo siguiente:

Concepto para identificar	Descripción
Identidad	Mediante credenciales o documentos oficiales y recabar copia de la documentación presentada.
Actividad u ocupación	Solo cuando existe una relación de negocios, mediante avisos de inscripción y actualización del Registro Federal de Contribuyentes.
Dueño Beneficiario	Cuando el cliente no sea Dueño Beneficiario, deberá notificarlo. Se deberá proporcionar información que lo identifique, en caso de contar con ella.

Fuente: SHCP, 2023a.

c) Presentar a la Unidad de Inteligencia Financiera (UIF) a través del SAT a más tardar el 17 del mes siguiente, los avisos que contengan la información de los clientes quienes excedieron los umbrales de acuerdo con lo establecido para la actividad que se llevó a cabo. Los avisos se presentarán en el formato establecido por la UIF y deberán contener la siguiente información: Datos generales de quien realiza la Actividad Vulnerable (AV); datos generales del cliente o usuario o, en su caso, del dueño beneficiario, así como información sobre su actividad preponderante. descripción general de la Actividad Vulnerable.

d) Custodiar, proteger, resguardar y evitar la destrucción u ocultamiento de la información y documentación soporte de la realización de AV, así como la que identifique a sus clientes o usuarios por cinco años contados a partir de la fecha en que se llevó a cabo la AV así como brindar las facilidades que requieran los funcionarios cuando se lleven a cabo visitas de verificación.

Como puede apreciarse de acuerdo con lo anterior lo primero que llama la atención es que se utiliza la plataforma del SAT para darse de alta en el padrón de actividades vulnerables son necesarios el RFC y la e-firma, si atendemos a la Constancia de Situación Fiscal que emite este órgano se puede identificar de manera plena el RFC y la actividad que realiza este contribuyente por lo que crear un proceso que permita cruzar esta información con las actividades vulnerables que establece la LFPIORPI tendría de manera inmediata el padrón. Evitando de esta forma sanciones en el tema de no haber procedido a la alta.

Con respecto a la presentación de avisos, la fuente son los CFDI que emiten los contribuyentes y como puede observarse en el Anexo 1 a detalle, este documento cuenta con toda la información requerida en el punto b y c de tal forma que la autoridad podría generar los algoritmos necesarios para identificar los umbrales de identificación y aviso de tal forma que recibiría en forma automática y sin errores por un lado, y por otro, evitando así la carga administrativa que implica a los contribuyentes cumplir con esta obligación y las sanciones que se generan en caso de omisión o error, por lo que como enuncia Lascurain (2021, p. 180) "resulta difícil entender por qué la autoridad, en este caso la UIF, se niega a utilizar la inteligencia financiera para el cumplimiento de la LFPIORPI".

Al cierre de 2022 como puede observarse en tabla 1 y 2, la UIF en su reporte de actividades presenta que ha recibido más de 50 millones de avisos de quienes realizan actividades vulnerables desde el inicio de la vigencia de la ley. Sin embargo, las denuncias presentadas por la UIF son pocas, en 2022 fueron 138 con respecto a los 9,395,936 avisos que se recibieron y 1135 denunciados (SHCP y UIF, 2023).

Tabla 1. Avisos presentad os por Actividad Vulnerable 2013-2022

Actividad Vulnerable	2013	2014	2015	2016	2017	2018	2019	2020	2021	2022	Total
DERECHOS PERSONALES DE USO O GOCE DE INMUEBLES	969	206,907	192,663	190,178	254,894	239,142	354,575	343,813	264,548	284,109	2,331,798
DESARROLLO INMOBILIARIO	-	-	-	-	2,656	3,366	7,779	11,353	9,822	9,058	44,034
FE PUBLICA	-	147,531	117,688	239,628	278,761	59,043	64,352	57,879	59,781	57,674	1,082,337
JUEGOS CON APUESTA, CONCURSOS O SORTEOS	4	69,038	110,248	275,483	265,236	306,961	350,165	142,465	125,220	230,008	1,874,828
METALES Y PIEDRAS PRECIOSAS, JOYAS O RELOJES	59	4,373	3,172	2,728	5,312	3,060	4,895	4,955	3,282	3,152	34,988
MONEDEROS Y CERTIFICADOS DE DEVOLUCIONES O RECOMPENSAS	88	558	513	5,335	2,686	2,795	2,900	1,233	1,054	3,026	20,188
MUTUO, PRESTAMOS O CREDITOS	2,189	224,510	158,068	337,918	523,234	343,018	446,654	506,651	515,448	539,895	3,597,585
OBRAS DE ARTE	-	159	226	246	262	251	423	300	277	480	2,624
OPERACIONES CON ACTIVOS VIRTUALES	-	-	-	-	-	-	-	1,554	4,199	4,939	10,692
RECEPCION DE DONATIVOS	53	10,664	10,002	12,377	14,295	14,477	20,628	20,950	17,835	16,314	137,595
SERVICIOS DE BLINDAJE	3	1,475	2,073	1,108	1,666	1,853	2,433	2,646	1,726	2,029	17,012
SERVICIOS DE COMERCIO EXTERIOR	-	-	3,181,740	786,868	1,026,714	935,800	913,689	725,276	908,633	853,557	9,332,277
SERVICIOS PROFESIONALES	1	30,531	32,573	66,081	59,924	77,603	209,773	252,252	173,355	143,005	1,045,098
SERVIDORES PUBLICOS	-	-	13	230	787	235	283	219	204	164	2,135
TARJETAS DE SERVICIOS O DE CREDITO	3	326,444	353,317	574,577	646,868	891,419	1,421,283	999,058	1,232,832	1,701,224	8,147,025
TARJETAS PREPAGADAS, VALES O CUPONES	471	87,766	135,950	232,710	149,779	262,164	368,511	370,307	412,376	439,464	2,459,498
TRANSMISION DE DERECHOS SOBRE BIENES INMUEBLES	135	82,752	86,889	84,179	106,223	110,451	134,731	126,894	121,077	119,696	973,027
TRASLADO O CUSTODIA DE DINERO O VALORES	-	116,453	62,652	170,026	270,951	356,846	431,702	339,735	2,218,816	3,766,282	7,733,463
VEHICULOS AEREOS, MARITIMOS O TERRESTRES	41,529	1,666,610	1,317,716	1,024,734	1,296,464	1,357,031	1,447,536	1,359,705	1,196,848	1,221,860	11,930,033
Total	45,504	2,975,771	5,765,503	4,004,406	4,906,712	4,965,515	6,182,312	5,267,245	7,267,333	9,395,936	50,776,237

Fuente: SHCP y UIF, 2023, p. 13

Con respecto a los delitos precedentes como se observa en la tabla 2 el primer lugar viene por la evasión fiscal y el peculado con 39 denuncias cada uno, sin embargo en cuanto al número de denunciados por la primera fueron 201 y por el segundo 564. Esto da pie a afirmar que la autoridad necesita apoyarse en la AI en esta materia a fin de generar celeridad en el proceso de recepción de reportes de la UIF, su análisis, diseminación y presentación de denuncias (SHCP y UIF, 2023).

Tabla 2. Delitos precedentes en las denuncias y denunciados 2022

Delito Precedente	Denuncias	Denunciados
Defraudación fiscal	39	201
Peculado	39	564
Delitos contra la salud	17	95
Enriquecimiento ilícito	12	134
Delincuencia organizada	7	43
Fraude	6	26
No identificado	4	7
Cometidos en materia de hidrocarburos, petrolíferos o petroquímicos	2	10
Tráfico de personas	2	11
Narcotráfico	1	2
Secuestro	1	2
Sin delito predicado	1	4
Cohecho	1	3
Contra la biodiversidad	1	3
Contrabando	1	3
Acceso ilícito a sistemas y equipos informáticos	1	-
Trata de personas	1	6
Despojo	1	7
Desvío de recursos públicos	1	14
Total	**138**	**1,135**

Fuente: SHCP y UIF, 2023, p. 17

Con respecto al lavado de dinero el uso del ML permitirá la identificación de las transacciones sospechosas por reglas o aprendizaje automáticos de los sistemas, misma que deberán pasar a un investigador que se involucrará en los siguientes análisis y procedimientos a fin de establecer las acciones legales que correspondan. El trabajo que realizan las personas en esta área de estudio podría ser apoyado además por la utilización de otras bases de datos, por ejemplo las que tienen las instituciones financieras, utilizando el conocimiento basado en tecnologías para facilitar su labor (Han et al., 2020).

Conclusión

El uso del ML de la IA como método predictivo en materia de cumplimiento de la LFPIORPI es una posibilidad real que tiene la UIF, porque puede utilizar las bases de datos con la información que se genera a partir de los CFDI que tiene la autoridad tributaria con la generación de algoritmos específicos para este cuerpo normativo. Con esto se abatiría la carga administrativa de los sujetos obligados y el riesgo de ser multados con sumas cuantiosas por incumplimientos u omisiones. La autoridad se beneficia al contar en forma automática con la información requerida por la ley, facilitar su actuación en forma expedita ante la identificación de operaciones que pudieran ser ilícitas, disminución de los costos del erario público y automatización de procesos.

Referencias

Legislación

Código Fiscal de la Federación. Publicado (CFF). (2021). Publicado en el Diario Oficial de la Federación (DOF) el 31 de diciembre de 1981. Última reforma publicada el 12 de noviembre de 2021. https://www.diputados.gob.mx/LeyesBiblio/pdf/10_270614.pdf

Ley Federal para la Prevención e Identificación de Operaciones con Recursos de Procedencia Ilícita (LFPIORPI) (2012). Publicada en el Diario Oficial de la Federación (DOF) el 17 de octubre de 2012. Última reforma publicada el 20 de mayo de 2021 https://www.diputados.gob.mx/LeyesBiblio/pdf/LFPIORPI_200521.pdf

Reglamento del Código Fiscal de la Federación (RCFF). Publicado en el Diario Oficial de la Federación (DOF) el 2 de abril de 2014. https://app.vlex.com/#-vid/687757825/chrome_addon/result

Artículos, capítulos y libros

Agrawal, A. Gans, J. Goldfarb, A. (2017). What to expect from Artificial Intelligence. *MITSloan Management Review, 58*(3), http://mitsmr.com/2jZdf1Y

Barreix, A. y Zambrano, R. (Eds.). (2018). *La factura electrónica en América Latina.* BID–CIAT. https://www.ciat.org/Biblioteca/Estudios/2018_FE/2018_Factura-Electronica_AL_BID_CIAT.pdf

Han, J., Huang, Y., Liu, S. y Towey, K. (2020). Artificial intelligence for anti-money laundering: a review and extension. *Digital Finance,* 2, 211-239. doi: 10.1007/s42521-020-00023-1

Lascurain, F. (2021). La Inteligencia Artificial y la Ley Antilavado en México. *INACIPE. Revista Mexicana de Ciencias Penales, 4*(14), 175-186. doi: 10.57042/rmcp.v4i14.440

Martínez, G., Álvarez, Y. I., y Silva, H. (2022). Empresas y prevención del lavado de dinero en México. 3C *Empresa. Investigación y pensamiento crítico, 11*(1), 67-83. doi: 10.17993/3cemp.2022.110149.67-83

Oliver, R. (2021). Big Data e inteligencia artificial en la Administración Tributaria. *IDP, Revista de Internet, Derecho y Política,* (33). https://raco.cat/index.php/IDP/article/view/n33-oliver

Rasteletti, A. (2018). México, Perfil de la Factura Electrónica. En Barreix, A. y Zambrano, R. (Eds.), *La factura electrónica en América Latina* (pp. 83-90). BID–CIAT. https://www.ciat.org/Biblioteca/Estudios/2018_FE/2018_Factura-Electronica_AL_BID_CIAT.pdf

Servicio de Administración Tributario (SAT) (2018). México. Función de los Terceros Autorizados por el SAT (Intermediarios y Estándar Tecnológicos de la Emisión de Facturas Electrónicas de la Administración Tributaria-Periodo: 1990-2017. En Barreix, A. y Zambrano, R. (Eds.), *La factura electrónica en América Latina* (pp. 171-190) BID–CIAT. https://www.ciat.org/Biblioteca/Estudios/2018_FE/2018_Factura-Electronica_AL_BID_CIAT.pdf

Recursos electrónicos

Comisión Nacional Bancaria y de Valores (CNBV). (2022). *Lavado de dinero* [Archivo PDF]. https://www.gob.mx/cms/uploads/attachment/file/71151/VSPP_Lavado_de_Dinero___130701.pdf

Instituto Nacional de Estadística y Geografía (Inegi). (2022). *Actualización de la medición de la economía informal 2003-2021, preliminar, Comunicado de Prensa Núm. 780/22* [Archivo PDF]. https://www.inegi.org.mx/contenidos/saladeprensa/boletines/2022/MDEI/MDEI2021.pdf

Secretaría de Hacienda y Crédito Público (SHCP). (2023a). Obligaciones contempladas en la LFPIORPI para quienes realicen actividades vulnerables. *Gob.mx.* https://sppld.sat.gob.mx/pld/interiores/obligaciones.html

Secretaría de Hacienda y Crédito Público (SHCP). (2023b). Umbrales de Identificación y Aviso. *Gob.mx.* https://sppld.sat.gob.mx/pld/interiores/umbrales.html

Secretaría de Hacienda y Crédito Público (SHCP) y Servicio de Administración Tributaria (SAT). (2021). Anexo 20. *Guía de llenado de los comprobantes fiscales por Internet* [Archivo PDF]. http://omawww.sat.gob.mx/tramitesyservicios/Paginas/documentos/GuiaAnexo311221.pdf

Secretaría de Hacienda y Crédito Público (SHCP) y Servicio de Administración Tributaria (SAT). (2022a). *Evolución de la actividad recaudatoria en 2021 y programas y presupuesto en 2022* [Archivo PDF]. http://omawww.sat.gob.mx/gobmxtransparencia/Paginas/documentos/focalizada/Recaudacion2021_ProgramasyPresupuesto2022.pdf

Secretaría de Hacienda y Crédito Público (SHCP) y Servicio de Administración Tributaria (SAT). (2022b). *Guía de llenado del CFDI global Versión. 4* [Archivo PDF].http://omawww.sat.gob.mx/tramitesyservicios/Paginas/documentos/GuiallenadoCFDIglobal311221.pdf

Secretaría de Hacienda y Crédito Público (SHCP) y Unidad de Inteligencia Financiera (UIF). (2023) *Informe de Actividades. Unidad de Inteligencia Financiera, enero-diciembre 2022* [Archivo PDF]. https://www.gob.mx/cms/uploads/attachment/file/792041/Informe_Diciembre_2022.pdf

Anexo 1. Datos requeridos en la configuración básica del CFDI 4.0

Datos del emisor

Registro federal de contribuyentes
Nombre o razón social
Nombre comercial
Logotipo de tu negocio
Régimen fiscal
Tipo de factura

Código postal
Moneda
Forma de pago
Método de pago
Cuentas prediales

Datos de producto o servicio

Producto o servicio
Número de identificación
Descripción del producto o servicio
Unidad de medida

Descripción de la unidad
Valor unitario
Para el régimen

Datos del cliente

Registro federal de contribuyentes
Nombre o razón social
País de residencia fiscal

Clave de identidad fiscal
Uso de la factura
Correo electrónico

Fuente: SHCP y SAT, 2022b.

Anexo 2. Umbrales de Identificación y Aviso Actividades Vulnerables

Actividad	Umbral de Identificación		Umbral de aviso	
	UMA*	M.N.**	UMA*	M.N.**
Juegos con apuesta, concursos y sorteos	325	$ 33,715.50	645	$ 66,912.30
Tarjetas de crédito o de servicios	805	$ 83,510.70	1,285	$ 133,305.90
Tarjetas prepagadas	645	$ 66,912.30	645	$ 66,912.30
Vales, cupones, monederos electrónicos o certificados	645	$ 66,912.30	645	$ 66,912.30
Cheques de viajero	Siempre	Siempre	645	$ 66,912.30
Préstamos o créditos, con o sin garantía	Siempre	Siempre	1,605	$ 166,502.70
Servicios de construcción, desarrollo, intermediación o comercialización de bienes inmuebles	Siempre	Siempre	8,025	$ 832,513.50
Comercialización de piedras y metales preciosos, joyas y relojes	805	$ 83,510.70	1,605	$ 166,502.70
Subasta y comercialización de obras de arte	2,410	$ 250,013.40	4,815	$ 499,508.10
Distribución y comercialización de todo tipo de vehículos (terrestres, marítimos, aéreos)	3,210	$ 333,005.40	6,420	$ 666,010.80
Servicios de blindaje (vehículos y bienes inmuebles)	2,410	$250,013.40	4,815	$ 499,508.10
Traslado y custodia de dinero o valores	Siempre	Siempre	3,210	$ 333,005.40
Derechos personales de uso y goce de bienes inmuebles	1,605	$ 166,502.70	3,210	$ 333,005.40
Recepción de donativos por parte de organizaciones sin fines de lucro	1,605	$ 166,502.70	3,210	$ 333,005.40
Operaciones con Activos Virtuales	Siempre	Siempre	645	$ 66,912.30

Prestación de servicios profesionales de manera independiente, sin relación laboral:

Actividad	Umbral de Identificación	Umbral de aviso
Compraventa de *bienes inmuebles* o la cesión de derechos sobre estos	Siempre	Cuando en nombre y representación de un cliente, se realice alguna operación financiera que esté relacionada con los actos señalados
Administración y manejo de recursos, valores o cualquier otro activo de sus clientes	Siempre	Cuando en nombre y representación de un cliente, se realice alguna operación financiera que esté relacionada con los actos señalados
Manejo de cuentas bancarias, de ahorro o de valores	Siempre	Cuando en nombre y representación de un cliente, se realice alguna operación financiera que esté relacionada con los actos señalados
Organización de aportaciones de capital o cualquier otro tipo de recursos para la constitución, operación y administración de sociedades mercantiles	Siempre	Cuando en nombre y representación de un cliente, se realice alguna operación financiera que esté relacionada con los actos señalados
Constitución, escisión, fusión, operación y administración de personas morales o vehículos corporativos, incluido el fideicomiso y la compra o venta de entidades mercantiles	Siempre	Cuando en nombre y representación de un cliente, se realice alguna operación financiera que esté relacionada con los actos señalados

Prestación de fe pública por notarios públicos respecto de:

Actividad	Umbral de Identificación		Umbral de aviso	
	UMA*	M.N.**	UMA*	M.N.**
Transmisión o constitución de derechos reales sobre inmuebles	Siempre	Siempre	16,000	$ 1,659,840.00
Otorgamiento de poderes para actos de administración o dominio otorgados con carácter irrevocable	Siempre	Siempre	Siempre	Siempre
Constitución de personas morales y su modificación patrimonial	Siempre	Siempre	8,025	$ 832,513.50
Constitución o modificación de fideicomisos traslativos de dominio o de garantía sobre inmuebles	Siempre	Siempre	8,025	$ 832,513.50
Otorgamiento de contratos de mutuo o crédito, con o sin garantía	Siempre	Siempre	Siempre	Siempre

Prestación de fe pública por corredores públicos respecto de:

Actividad	Umbral de Identificación		Umbral de aviso	
	UMA*	M.N.**	UMA*	M.N.**
Avalúos sobre bienes	8,025	$ 832,513.50	8,025	$ 832,513.50
Constitución de personas morales mercantiles, su modificación patrimonial	Siempre	Siempre	Siempre	Siempre
Constitución modificación o cesión de derechos de fideicomiso	Siempre	Siempre	Siempre	Siempre
Otorgamiento de contratos de mutuo mercantil o créditos mercantiles	Siempre	Siempre	Siempre	Siempre

Prestación de servicios de comercio exterior respecto de:

Actividad	Umbral de Identificación		Umbral de aviso	
	UMA*	M.N.**	UMA*	M.N.**
Vehículos terrestres, aéreos y marítimos	Siempre	Siempre	Siempre	Siempre
Máquinas para juegos de apuesta y sorteos	Siempre	Siempre	Siempre	Siempre
Equipos y materiales para la elaboración de tarjetas de pago	Siempre	Siempre	Siempre	Siempre
Joyas, relojes, metales y piedras preciosas	485	$ 50,313.90 valor individual	485	$ 50,313.90 valor individual
Obras de arte	4,815	$ 499,508.10	4,815	$ 499,508.10
Materiales de resistencia balística	Siempre	Siempre	Siempre	Siempre

Fuente: SHCP, 2023b.

SOBRE LOS AUTORES

Coordinadores

Patricia de la Torre-Santos es doctoranda en Administración, con diversas especialidades en México y el extranjero en temas de Comercio Exterior, Mercadotecnia Internacional y Negocios Internacionales; es profesora de tiempo completo en la Facultad de Ciencias Económicas y Empresariales de la Universidad Panamericana Campus Guadalajara en el área de Negocios Internacionales. Líneas de investigación: desempeño exportador y facilitación del comercio (itorre@up.edu.mx).

Xavier Sánchez Pérez actualmente se encuentra cursando el doctorado en Dirección de Organizaciones por la Universidad Popular Autónoma de Puebla (UPAEP). Es maestro en Administración y Dirección de Empresas por la Escuela de Administración de Empresas (EAE Business School) y la Universidad Camilo José Cela en la ciudad de Madrid, España; cuenta con la Especialidad en Antropología y Ética, así como la licenciatura en Administración y Finanzas por la Universidad Panamericana, campus Guadalajara, ambas con Mención Honorífica. Secretario Académico de la Facultad de Empresariales en la Universidad Panamericana, campus Guadalajara. Profesor titular en la academia de Administración. Líneas de investigación: liderazgo, soft skills, dirección, competencias (xsanchez@up.edu.mx).

Autores

Violeta Corona es candidata a doctora en Administración y Dirección de Empresas de la Universidad Politécnica de Valencia. Profesora investigadora en la Facultad de Ciencias Económicas y Empresariales de la Universidad Panamericana, Guadalajara. Su investigación se enfoca en evaluar el impacto de la percepción en la satisfacción y en la toma de decisiones de los consumidores (vcorona@up.edu.mx)

Guadalupe Gaytán Jiménez es doctora en Administración. Maestra en Contraloría. Especialista en Análisis Bursátil, Comercio Exterior, Competencias Didácticas y en Antropología y Ética. Profesora de tiempo completo en la Facultad de Ciencias Económicas y Empresariales de la UP en las academias de Finanzas y Control de la Información Directiva. Coautora del Manual para el uso del método del caso con alumnos de licenciatura publicado por EUNSA, así como de casos de estudio publicados por Emerald Publishing. Coautora de artículos de divulgación por la UP y en la RAN de Chile (ggaytan@up.edu.mx).

Alejandra Hernández Garzón es maestra en Inteligencia de Negocios por la Universidad de Barcelona, dedicada durante 13 años al procesamiento de datos y creación de estrategias en la toma de decisiones, fundadora de BIIN consultoría especializada en Inteligencia de Negocios dentro de la empresas, profesora desde hace 8 años en la Universidad Panamericana Campus Guadalajara de diferentes materias como: estrategia global de los negocios, ética en la empresa, Administración e Inteligencia de Negocios dentro de Empresariales y ESDAI y actualmente coordinando parte de la Promoción Internacional de la Universidad en LATAM (ahernande@up.edu.mx).

Juan C. Grayeb Pereira es licenciado en Negocios Internacionales de la UP. Artículos publicados: EVs http://ieomsociety.org/proceedings/2021monterrey/45.pdf, y EVs https://www.informs-sim.org/wsc21papers/085.pdf (jucagrape@gmail.com).

José-Domingo Lázaro Álvarez tiene Maestría en Administración de Negocios (MBA) por el Instituto Panamericano de Alta Dirección de Empresas (IPADE), Maestría en Administración Pública (MPA) por la Universidad Rey Juan Carlos de Madrid (URJC) y Diplomado en Urbanismo y Desarrollos Inmobiliarios por el Instituto de Práctica Empresarial de Sevilla (IPE). Cuenta con diversas certificaciones técnicas y empresariales por el Instituto Tecnológico Autónomo de México (ITAM), IE University de Madrid, Google, HubSpot y Semrush. Profesor del Centro de Perfeccionamiento Directivo (ICAMI) y de la Universidad Panamericana en los Campus Guadalajara y Aguascalientes (UP). Autor publicado por el American Journal of Management, Journal of Marketing Trends, Anáhuac Journal, Chinese Business Review, Journal of Strategic Innovation and Sustainability, Revista Expansión y Revista Istmo. Ha sido director del Google Acceleration Program y director de Marketing y Comunicación de Grupo Pisa-Bodylogic. Actualmente se desempeña como consejero en empresas, consultor y conferencista (jlazaro@up.edu.mx)

Israel Macías López es Profesor-investigador en la Escuela de Ciencias Económicas y Empresariales de la Universidad Panamericana en Guadalajara. Es economista por la Universidad Autónoma de Coahuila, obtuvo su Maestría y Doctorado en Economía por El Colegio de México y The Johns Hopkins University, respectivamente. Es Jefe de la Academia de Economía de la UP y administra el Consorcio que tiene la Universidad con Harvard Business School Publishing. Ha participado como miembro del Comité Editorial de diversos medios de comunicación, así como asesor económico de organismos empresariales de Jalisco, como COPARMEX y el Consejo de Cámaras Industriales (imacias@up.edu.mx).

Salvador Paz Sánchez es maestro en administración de empresas con especialidad en finanzas por el Instituto Tecnológico de Estudios Superiores de Occidente. Con especialidad en Finanzas Tecnológicas por la Universidad de Harvard. Creador y ponente del diplomado en recaudación de fondos para Plan Internacional en Latinoamérica por el Tecnológico de Monterrey. Co-fundador de una empresa Fintech especializada en Organizaciones de la Sociedad Civil, Fondify. Co-fundador de una empresa Fintech especializada en el diagnóstico financiero para pequeñas y medianas empresas y financiamiento. Miembro del Consejo de Jóvenes Empresarios Coparmex. Galardonado en el Premio Jalisco Emprendedor 2022 (chavo@fondify.org).

Andrés Isaías Ramírez-Barrera es estudiante de Administración de Empresas de la Facultad de Ciencias Económicas de la Universidad Nacional de Colombia. Integrante del Grupo de Investigación Management and Marketing (M&M). Se ha desempeñado como becario académico de las asignaturas: Fundamentos de Economía y Metodología de la Investigación I, y como parte del comité editorial de la División de Análisis Macroeconómico (DAMAC-UNAL). Líneas de investigación: experiencia de cliente, metodologías ágiles, inteligencia artificial y pensamiento económico latinoamericano (anramirezb@unal.edu.co).

Sandra Rojas-Berrio es doctora en Ciencias Administrativas por el Instituto Politécnico Nacional (México). Profesora Asociada adscrita a la Escuela de Administración y Contaduría Pública de la Facultad de Ciencias Económicas de la Universidad Nacional de Colombia. Investigadora Sénior de Colciencias y directora del Grupo de Investigación Management and Marketing (M&M). Líneas de investigación: Marketing y Gestión Tecnológica (sprojasb@unal.edu.co).

Oscar Robayo-Pinzon es profesor principal de carrera en la Escuela de Administración de la Universidad del Rosario, Bogotá, Colombia. Es candidato a doctor en Ingeniería, Industria y Organizaciones de la Universidad Nacional de Colombia. Obtuvo su licenciatura en psicología y su maestría en psicología del consumidor en la Universidad Konrad Lorenz, Colombia. Es miembro de la Association for Consumer Research y de la Academy of Marketing Science. Ha sido investigador visitante en la Escuela de Negocios de la Universidad de Cardiff (UK). Sus principales intereses de investigación incluyen el marketing digital, el marketing móvil, el marketing en las redes sociales y la economía conductual (oscar.robayo@urosario.edu.co).

Javier Alejandro Romero Bazúa es máster en Dirección de Marketing por la Universidad Politécnica de Cataluña, en Barcelona, España. Licenciatura en Administración y Mercadotecnia y Especialidad en Antropología y Ética, por la Universidad Panamericana (UP). Posgrado en la Kellogg School of Management por la Northwestern University. Autor del libro Merca Think, pasión más disrupción. Conferencista en ICAMI y en diferentes foros nacionales. Creador de diversas marcas registradas en el IMPI. Articulista en diferentes revistas y periódicos nacionales con más de 60 artículos publicados. Profesor en marketing en la Universidad Panamericana (UP), en los Campus Guadalajara y Aguascalientes. Profesor invitado en la Universidad del Istmo, en Guatemala y consultor en marketing en diversas empresas startups y conferencista. Consejero de Posgrados en la Facultad de Ciencias Económicas y Empresariales de la UP (jromero@up.edu.mx)

María Cristina Sánchez Valencia es maestra en Dirección Estratégica del Capital Humano por la Universidad Panamericana, Campus Guadalajara. Profesora de tiempo completo en la Facultad de Ciencias Económicas y Empresariales de la Universidad Panamericana. Líneas de investigación: comportamiento humano en la organización, *soft skills*, aspectos psicosociales en la organización (csanchez@up.edu.mx).

Francisco J. Santana Villegas posee un máster en Relaciones Internacionales por el Instituto Universitario Ortega y Gasset de Madrid, España. Su experiencia profesional incluye haber laborado durante tres años en la sección administrativa del Consulado General de los Estados Unidos en Guadalajara. Consultor y asesor especialista en temas interculturales, es analista frecuente para diversos medios de comunicación sobre temas de política internacional contemporánea. Jefe de la Academia de Negocios Internacionales, es profesor de licenciatura y diversos programas académicos de posgrado de la Universidad Panamericana, Campus Guadalajara (jasantan@up.edu.mx).

Manuel Soto-Pérez es licenciado en administración y relaciones industriales. Cuenta con las especialidades en antropología y ética, comercio internacional, y competencias didácticas. Tiene la maestría en ingeniería industrial. Y obtuvo el grado de doctor en administración. Ha sido profesor universitario por más de 15 años. Ha tenido diversos puestos de gestión en el colegio Altamira y en el Colegio Liceo del Valle. Por más de 10 años ha sido consultor en las áreas de recursos humanos, operaciones y análisis de datos. Ha impartido distintos cursos a ejecutivos en temas de capital humano y análisis de datos. Actualmente es profesor investigador en la universidad Panamericana y miembro del sistema nacional de investigadores nivel candidato (msoto@up.edu.mx)..

Ma. Guadalupe Torres Pulido es doctora en Ciencias de los Fiscal y Contador Público Certificado en Ley Federal de Prevención e Identificación de Operaciones con Recursos de Procedencia Ilícita por el Instituto Mexicano de Contadores Públicos. Profesora de tiempo completo en la Universidad Panamericana Campus Guadalajara en donde ha desempeñado los cargos de Contadora General del Campus y Jefatura de Academia. Es autora y coordinadora de libros, ponente en congresos nacionales e internacionales, evaluadora de proyectos de investigación y colaboradora en medios de comunicación sobre temas contables, financieros y de lavado de dinero. Con estudios de Master en Compliance con especialización en Fraude y Blanqueo de Capitales por EALDE Business School y la Universidad Católica de Murcia, Maestría en Pedagogía, Especialidad en Derecho Corporativo, en Estrategias Didácticas y en Antropología y Ética en la Universidad Panamericana Campus Guadalajara y Licenciatura en Contaduría por la Universidad Autónoma de Guadalajara. Líneas de investigación política fiscal, prevención de lavado de dinero y desarrollo sostenible. Miembro de la Comisión de Prevención de Lavado de Dinero del Colegio de Contadores Públicos de Guadalajara Jalisco, A.C. (gtorres@up.edu.mx).

Carlos Jiménez Zepeda actualmente es aspirante a administrador, contador y financiero, con una marcada orientación hacia la programación y la estadística, debido a lo anterior se encuentra enfocado en temas de ciencia de datos que abarcan cosas como la inteligencia artificial, el machine learning y el deep learning. Además tiene un gran interés en temas de desarrollo web por lo que estoy certificado como desarrollador web full stack. Su trayectoria por los campos mencionados ha sido relativamente corta debido a que aún se encuentra estudiando, sin embargo, considera que hacer una contribución a este libro ha iniciado de manera formal su recorrido en el sector académico y de investigación, de lo que espera sea un camino muy fructífero y beneficioso para la humanidad (0230071@up.edu.mx).

Colaboradores

Rodolfo Rubén Álvarez González es egresado de la carrera de ingeniería en Biónica por parte de la UPIITA del IPN, realizó su maestría y doctorado en Ciencias Computacionales en el Cinvestav Unidad Guadalajara. Rubén es un apasionado del área de inteligencia artificial como machine learning, computer vision y sistemas expertos. Con experiencia en la academia e industria como Intel Labs, Skycatch, Carbon Robotics y Dyoo desarrollando sistemas de Computer Vision. Actualmente es profesor de cátedra en el Tecnológico de Monterrey, es Senior Lead Data Scientist en ElectrifAI y es codirector de DataLab Community.

Rodrigo Correa es un exitoso empresario en el ramo de las finanzas. Egresado del Tecnológico de Monterrey y con diversas especialidades enfocadas en temas como gestión empresarial, gestión del talento humano, inversiones, valuaciones, venture capital, capital privado e innovación. Referente indiscutible en créditos enfocados a pequeñas y medianas empresas así como en negocios inmobiliarios.

Juan Carlos González es ingeniero en sistemas computacionales de oficio, emprendedor por vocación y mentor en retribución. Su pasión es trasmitir su pasión retando la personalidad emprendedora de aquellos que quieren lanzarse. Emprendedor serial desde el 2003 en la industria financiera y tecnológica, considera que las empresas son el motor más eficaz para generar bienestar y abundancia en una comunidad capitalista; de ahí que le apasione el proceso de crearlas y crecerlas mientras procura inspirar a otros a hacer lo mismo. Ayuda a financieras en Latinoamérica a incrementar su colocación de capital digitalizando la originación de sus operaciones financieras.

Daniel Martínez es científico de datos con especialidad en la industria inmobiliaria. Ingeniero mecánico de profesión y con una especialidad en programación (python). Cursó también en el ITAM la especialidad en estadísticas y matemáticas así como una maestría en ciencia de datos. Actualmente se desempeña de manera exitosa en una de las compañías más relevantes en desarrollo inmobiliario del país.

Jovan Rebolledo es investigador, innovador e inventor que trabaja para llevar la intersección entre la inteligencia artificial con nuevas tecnologías, mejorar la accesibilidad de la IA a nuevos campos, mientras aplica tecnologías exponenciales para resolver grandes desafíos globales. Sus intereses de investigación se relacionan con el uso de sistemas de clasificación, sistemas adaptativos, ML, AI y Neurociencia para diseñar y realizar aplicaciones tecnológicas en tecnologías de sensores, robótica, bioinformática, computación evolutiva, biología evolutiva; especialmente tecnología que crea algoritmos ML, sistemas híbridos, bases de datos biológicas, modelos de correlaciones, interfaces inteligentes y sistemas complejos e información cuántica. He inventado algunas interfaces humano-computadora, con patentes en posesión.

Favio Vázquez es físico e ingeniero informático con una maestría en física. Se desempeña de manera exitosa en Ciencia de datos y Cosmología Computacional. Con pasión por la ciencia, la filosofía, la programación y la música. En este momento, trabaja en ciencia de datos, aprendizaje automático y *big data* como miembro de la facultad, profesor e investigador sobre Pymes en ciencia de datos en el "Emeritus Institute of Management". Además, es fundador y director del Clúster Científico de Datos, de una empresa de Ciencia de Datos y educación en español. Le encantan los nuevos desafíos, trabajar con un buen equipo y tener problemas interesantes que resolver, además de aplicar mis conocimientos y experiencia en ciencia, análisis de datos, visualización y aprendizaje automático para ayudar a que el mundo sea un lugar mejor.

UNIVERSIDAD
Panamericana

INTELIGENCIA ARTIFICIAL EN LA EMPRESA

Se terminó de imprimir en el mes de septiembre de 2023

para CENTROS CULTURALES DE MÉXICO, A.C.,
Álvaro del Portillo 49, Ciudad Granja,
Zapopan, Jalisco, México, CP. 45010
Tel: 52 (33) 1368 2200.

Tiraje de 100 ejemplares.

por Santi Ediciones
Rosario Ivonne Lara Alba
Nance 1370, Col. Del Fresno
Guadalajara, Jalisco, México. C.P. 44900
www.santiediciones.com